Llave maestra

Napoleon Hill

© BN Publishing
Fax: 1 (815)6428329
Contacto: info@bnpublishing.net
www.bnpublishing.net

Primera edición, octubre de 2010
Diseño y diagramación: K.S.
Diseño Portada: J.N.

INDICE:

Prólogo

Entrego y encomiendo al pueblo americano la mayor parte de mi gran fortuna, la cual se basa en la filosofía del logro individual, por medio del cual he acumulado todas mis riquezas… "

Estas fueron las palabras de apertura del testamento y última voluntad de Andrew Carnegie. Es el prólogo de una historia, la cual bien puede marcar el punto de giro más relevante en la vida de todos aquel que lo lea.

La historia empezó a fines del otoño del año 1908, cuando Andrew Carnegie me invitó a hacerme partícipe de lo que contaré a continuación. Fue muy gentil de honrar mi juicio e integridad, me confió, según dijo él lo que era "la mayor porción" de su abundante fortuna, con el compromiso de que el legado fuera dado al pueblo americano.

Esta historia fue escrita para informarle a usted de su derecho de participar en este importante estado, y para comentarle las condiciones bajo las cuales usted puede compartirlo con abundancia.

Estas condiciones no están limitadas bajo ninguna circunstancia a unos pocos. Las condiciones que aquí se establecen están a la mano de cualquier persona con un nivel promedio de habilidades. Tampoco hay trucos ni falsas expectativas en relación con las condiciones que se expresan en la promesa que expondré a continuación.

De manera que para que usted sepa si lo que aquí se hace es brindarle algo que usted necesite o desee, déjeme aclarar precisamente lo que aquí se promete:

Una descripción precisa de la fórmula a través de la cual usted puede obtener el pleno beneficio de la Llave maestra de la riqueza, una llave que deberá abrir las puertas a la solución de todos sus problemas, y que le ayudará a convertir sus fracasos anteriores en beneficios de incalculable valor, y a dirigirlo a la consecución de las Doce grandes riquezas, incluyendo la seguridad económica.

Un inventario de las riquezas, dejado por Andrew Carnegie para ser entregado a todos aquellos que estén calificados para recibirlo, junto con las instrucciones detalladas sobre cómo adquirir y usar plenamente su porción.

Una descripción detallada de los medios por los cuales usted puede lograr el pleno beneficio de la educación, experiencia y pericia técnica de aquellos cuya cooperación usted podrá necesitar para obtener la realización de sus mayores propósitos y metas en la vida; suministrando así los medios efectivos por los cuales, usted podrá superar las desventajas de una educación limitada y alcanzar los propósitos más importantes de la vida, de la misma forma que lo hacen aquellos que cuentan con la ventaja de haber adquirido una educación formal.

El privilegio de utilizar la filosofía del éxito, la cual ha sido extraída de las experiencias de ensayo y error, de gran cantidad de hombres eminentes.

Un plan definido a través del cual cualquiera que trabaje como asalariado, promueva su ascenso a una mejor pago con el pleno consentimiento y cooperación de su empleador.

Un plan definido mediante el cual, cualquiera que trabaje para otros, pueda ingresar en un negocio o actividad propia con mayores expectativas de éxito que la persona promedio.

Un plan definido mediante el cual cualquier persona de negocios pueda convertir a sus clientes en clientes constantes, y a través de su cooperación estrecha, adicionar nuevos clientes, quienes a su vez, también se harán permanentes.

Un plan definido a través del cual cualquier representante de ventas de bienes o servicios, pueda transformar a sus compradores en trabajadores activos que le ayudarán a conseguir nuevos clientes.

Un plan definido mediante el cual cualquier empleador pueda hacer amigos personales entre sus empleados, en circunstancias bajo las cuales, esto le otorgue hacer sus negocios más rentables, tanto para él, como para sus empleados.

Aquí usted tiene una declaración precisa de las promesas que se le hacen, y la primera condición a través de la cual usted podrá beneficiarse de éstas es que lea este libro dos veces, línea a línea, y piense en la información a medida que lo haga.

Y que sea evidente que cuando hablamos de "riquezas", estamos hablando de "todas las riquezas", no solamente de aquellas representadas por extractos bancarios y bienes materiales.

Hablamos de las riquezas del derecho y la libertad de las cuales nos regocijamos más que en cualquier otra nación. Hablamos de las riquezas de las relaciones humanas, mediante las cuales todo ciudadano americano puede hacer uso de su potencialidad hasta el grado máximo de su iniciativa personal en cualquier ámbito que lo desee. Así pues, cuando hablamos de "riquezas", hacemos referencia a la grandeza de vida, la cual está disponible en todas partes para el pueblo de los Estados Unidos y se hace asequible con un mínimo de esfuerzo.

También queremos aclarar que no haremos insinuaciones a nadie sobre la naturaleza de las riquezas que deba atesorar, ni tampoco la cantidad que deba adquirir.

Afortunadamente, la vida en América otorga gran abundancia de todas las formas de riquezas, suficientes tanto en cantidad, como en calidad, para satisfacer todos los deseos humanos razonables.

Francamente deseamos que cada lector consiga, su porción, no sólo de las cosas que el dinero pueda comprar, pero también de las cosas que el dinero no puede comprar.

No deseamos decirles a las personas cómo tienen que vivir la vida; no obstante, sabemos, al haber observado tanto a los ricos como a los pobres en América, que las riquezas materiales no garantizan la felicidad.

De igual manera, jamás hemos encontrado a una persona verdaderamente feliz que no haya antes participado en alguna forma de servicio por medio del cual otros se hayan beneficiado.

También sabemos que muchos que son acaudalados en cuanto a bienes materiales, no han encontrado aún la felicidad.

Mencionamos estas observaciones no a manera de sermón, sino para advertir a aquellos que, dada la abundancia de riquezas materiales disponibles en América, han dado por seguro y han perdido de vista las cosas más valiosas de la vida que pueden adquirirse solamente a través de las riquezas intangibles que hemos mencionado.

-Napoleón Hill

Capítulo uno
LAS DOCE RIQUEZAS
DE LA VIDA

Los seres humanos por naturalidad tienen el deseo de conseguir las mejores cosas de la vida, deseo que probablemente usted también tiene. Usted anhela la seguridad económica, la cual sólo el dinero puede proveer. Usted también desea desarrollar sus propios talentos para luego obtener la satisfacción de disfrutar de sus propias riquezas.

Algunas personas buscan un camino fácil hacia la riqueza, deseando encontrarla sin dar nada a cambio. Ese también es un deseo común.

Pero es un deseo que yo espero modificar para su beneficio, ya que la experiencia me enseñando que no se da nada a cambio por nada.

Sólo hay un camino seguro a la riqueza, y únicamente puede ser alcanzado por quienes tienen la Llave maestra de la riqueza.

Esta Llave maestra es un dispositivo increíble, el cual, quienes lo tienen, pueden utilizarlo para abrir las puertas a la solución de sus problemas.

Abre la puerta a la buena salud, abre la puerta al amor y al romance, abre la puerta a la amistad, mostrando las características de personalidad y de carácter que hace que las amistades duren en el tiempo.

Revela el método a través del cual, cada adversidad, cada frustración, cada desilusión, cada error de juicio, y cada derrota anterior, pueden ser transformados en riquezas de incalculable valor.

Renueva las esperanzas perdidas de toda persona que la posea (la Llave maestra) y revela la manera a través de la cual uno puede sintonizarse para obtener una gran reserva de Inteligencia infinita.

Conduce a hombres humildes a ocupar posiciones de poder, gloria y fortuna.

Retroceden las manecillas del reloj y renueva el espíritu de la juventud para aquellos que han envejecido muy rápido.

Suministra el método mediante el cual usted puede alcanzar la plena y completa posesión de su propia mente, para así lograr un control constante sobre las emociones del corazón y el poder del pensamiento.

Supera las carencias de aquellos que no han tenido la oportunidad de tener un buen nivel de educación formal y los proyecta para substancialmente alcanzar las mismas oportunidades que disfrutan aquellos que tienen un nivel superior educativo.

Y, finalmente, abre las puertas, una a una, de las Doce grandes riquezas de la vida, las cuales hablaremos un poco más adelante.

Y nadie alcanzará estas Doce grandes riquezas, si no tiene la preparación correcta. La preparación se constituye de muchas cosas, entre ellas contar con sinceridad de propósito, humildad de corazón, el reconocimiento del hecho que ninguna persona sabe todo. Yo voy a hablarle de los hechos y describirle los muchos principios, algunos de los cuales pueden ser novedosos para usted, ya que son conocidos solamente por aquellos que se han preparado para recibir la Llave maestra.

Sus dos personalidades

Antes de antes de hablar de las Doce grandes riquezas, permítame mostrarle algunas de las riquezas que usted ya tiene -riquezas de las cuales usted puede no tener presentes.

En primer lugar, deseo que usted reconozca que tiene una personalidad plural, aún cuando usted se considere a sí mismo como una persona singular. Usted y cualquier otra persona están formados de al menos dos personalidades diferentes, y algunas poseen más de dos.

Existe ese ser que usted reconoce cuando se refleja en el espejo. Ese es su ser físico. Pero ése es únicamente el lugar donde sus otros seres viven. En su cuerpo hay dos individuos que se encuentran en eterno conflicto el uno con el otro.

Uno de ellos es una clase de personalidad negativa que piensa y se desarrolla en una atmósfera de temor, pobreza y mala salud.

Este ser negativo desea el fracaso y rara vez es decepcionado. Se desenvuelve en circunstancias de dolor que usted quiere rechazar, pero parece sentirse obligado a aceptar -pobreza, codicia, superstición, temor, duda, preocupación y enfermedad física.

Su "otro ser" es una clase de persona positiva que piensa de manera dinámica, es afirmativa en términos de riqueza, buena salud, amor, amistad, logro personal, visión creativa, ayuda al prójimo, y quién lo conducirá a usted sin equivocación hacia la consecución de tales bendiciones. Este es el único ser que es capaz de reconocer y de apropiarse de las Doce grandes riquezas; es el único ser que es capaz de recibir la Llave maestra de la riqueza.

Usted posee muchos otros bienes de valor incalculable de los cuales no esté al tanto, riquezas escondidas que probablemente no haya reconocido ni tampoco utilizado. Dentro de estas está lo que pudiéramos denominar como "centro de vibraciones," el cual es una clase de radio transmisor-receptor de una gran sensibilidad, sintonizado con los seres que le rodean y con el universo a su alrededor. Esta gran a unidad proyecta sus pensamientos y sentimientos y recibe una cantidad infinita de mensajes de mucha importancia para lograr el éxito en la vida. Es un sistema de comunicación de dos vías de capacidad ilimitada.

Su estación de radio anda automáticamente y sin interrupción. Tanto en el momento que está despierto como cuando está dormido y lo hace bajo el control, en todo momento, de ambas personalidades -la negativa o la positiva.

Cuando su personalidad negativa tiene el control, sus receptores sensitivos registran solamente los mensajes negativos provenientes de innumerables personalidades negativas. De manera natural, esto lleva a tener conclusiones como: "De qué sirve…"; y "No tengo otra alternativa que… "Tal vez esas conclusiones no sean formuladas con exactamente las mismas palabras, ya que se presentan en diferentes manifestaciones de desánimo, ejerciendo una influencia nefasta sobre la fe en sí mismo, en detrimento de utilizar sus facultades para alcanzar lo que desea. Los mensajes negativos que se reciben cuando su personalidad negativa está en control de su estación radial, si se aceptan, y son utilizados como guía, conducirán de forma invariable a circunstancias en la vida muy opuestas a lo que usted hubiera deseado escoger.

Pese a eso, cuando su personalidad positiva está al mando, conduce a su "centro de acción" sólo aquellos móviles que son estimulantes, energéticos, mensajes optimistas como: "Yo si puedo," que se traducen en equivalentes físicos de prosperidad, buena salud, amor, esperanza, fe, paz mental y felicidad -los valores de la vida que tanto usted como toda persona normal quieren alcanzar.

El mayor regalo

Mi intensión es entregarle a usted la Llave maestra por medio de la cual logrará alcanzar estas y muchas otras riquezas. Entre las muchas cosas que la llave logra, es que coloca la estación de radio de cada individuo bajo el control de su "ser" que corresponde a la personalidad positiva.

Voy a contarles el secreto por el cual usted podrá participar de y compartir las bendiciones de la Llave maestra. La responsabilidad de luego promulgarlo, será totalmente suya. Cada persona discernidora descubre que el éxito individual duradero ha tenido un principio por medio de la influencia benefactora de algún otro individuo, es decir, a través de alguna forma de compartir.

Yo quiero compartir el conocimiento por medio del cual usted puede alcanzar riquezas -toda clase de riquezas- a través de la expresión de su propia iniciativa personal.

¡Esta es la mayor de todas las dádivas!

Y ésta es la única clase de dádiva que cualquiera que es bendecido con las ventajas de una gran nación como la nuestra podría esperar. Porque aquí se encuentran toda clase de riquezas potenciales disponibles a la humanidad, y las tenemos en gran abundancia.

Yo me imagino que usted también desea ser rico.

Yo comencé la búsqueda de riquezas de la manera difícil antes de aprender que había una ruta corta y confiable que pude haber seguido si se me hubiera señalado, tal como yo espero indicárselo a usted.

En primer lugar debemos estar en condición de identificar las riquezas que están a nuestro alcance. Algunas personas creen que las riquezas dependen solamente del dinero. Sin embargo, las riquezas verdaderas, en un sentido más amplio, consisten en muchos otros valores que aquellos que provienen de asuntos materiales, y puedo señalar que sin ninguno de esos valores intangibles, la posesión del dinero no dará la felicidad, la cual algunos creen que éste puede traer.

Y cuando me refiero de "riquezas", hablo de las riquezas superiores, cuyos poseedores han hecho que la vida los recompense bajo sus propios términos -los términos de la completa felicidad.

Yo las defino como las Doce riquezas de la vida, y verdaderamente deseo compartirlas con todos los que estén preparados para recibirlas.

1. Actitud mental positiva:

Todas las riquezas, pese de su naturaleza, comienzan como un estado mental; y recordemos que el estado mental es la única cosa sobre la cual una persona tiene control completo y absoluto.

Es muy significativo que el Creador facultó al hombre para tener control sobre sus propios pensamientos y el privilegio de dirigirlos por la senda de su elección.

La actitud mental es primordial ya que convierte al cerebro en algo así como un imán el cual atrae a la contraparte de los pensamientos, intenciones y propósitos de uno. También atrae a la contraparte de nuestros temores, preocupaciones y dudas.

Una actitud mental positiva (AMP) es el comienzo de todas las riquezas, sean éstas riquezas de naturaleza material o de naturaleza intangible.

Atrae la riqueza de la verdadera amistad, y la riqueza de la esperanza de la meta futura.

Suministra la riqueza que uno puede encontrar en las obras de la creación, las cuales se manifiestan de distintas maneras como poder percibir la luz de la luna, o en ver las estrellas en el firmamento, o al mirar los hermosos paisajes de horizontes distantes.

La riqueza que se deriva del trabajo que uno ha seleccionado, cuya expresión se eleva a la cumbre de nuestra máxima esencia.

La riqueza de la armonía de las relaciones en el hogar, donde cada miembro de la familia trabaja en conjunto con un espíritu de cooperación fraterna.

La riqueza de la buena salud física, que es el tesoro de las personas que han aprendido a tener equilibrio en el trabajo con el juego, la adoración con el amor, y de los que han aprendido la sabiduría de comer para vivir, en vez de vivir para comer.

La riqueza de la libertad del temor.

La riqueza del entusiasmo, tanto activo como pasivo.

Las riquezas del canto y la risa, las cuales señalan nuestro estado anímico.

La riqueza de la autodisciplina, mediante la cual uno puede tener el gozo de saber que la mente puede lograr cualquier fin anhelado si se tiene plena claridad de propósito.

La riqueza de jugar, a través de las cuales uno puede poner a un lado las cargas de la vida para transformarse nuevamente en un niño juguetón.

La riqueza de descubrir a su otro "ser" - el ser que no conoce tal cosa como el fracaso constante.

La riqueza de la fe en la Inteligencia infinita, por a través de la cual la mente de cada persona es una proyección de un minuto.

La riqueza de la meditación, el vínculo por medio del cual cualquiera puede conseguir un formidable suministro universal de Inteligencia infinita.

Sí, estas y otras riquezas empiezan con una actitud mental positiva. Por ello, no sorprende que la actitud mental positiva se encuentre en el primer lugar en la lista de las Doce riquezas.

2. Buena salud física:

La buena salud física comienza con una "conciencia hacia la salud" provocada por una mente que piensa en términos de salud y no en términos de enfermedad junto con moderación en los hábitos de alimentación y un apropiado equilibrio en las actividades físicas.

3. Armonía en las relaciones humanas:

La armonía con otros empieza en uno mismo, porque, tal como Shakespeare lo manifestó, hay beneficios para aquellos quienes siguen el consejo: "Tal como la noche sigue al día, la sinceridad con uno mismo, sigue a la sinceridad con los demás."

4. Libertad del temor:

¡Ningún hombre que teme, es un hombre libre! El miedo es un predecesor del mal y cuando suceda que aparezca, es necesario eliminarlo antes de que se fortalezca en un sentido pleno.

He aquí una lista de los siete temores más comunes que se encuentran en la mente de muchas personas:
El temor a la pobreza.
El temor a la crítica.
El temor a la mala salud.
El temor a la pérdida del amor.
El temor a la pérdida de la libertad.
El temor a la vejez.
El temor a la muerte.

5. La esperanza del logro:

La mayor de todas las formas de felicidad viene como resultado de la esperanza del logro de un deseo aún no concluido. Más allá de lo que se pueda decir, es lamentable la situación de una persona que no pueda mirar al futuro con la esperanza de convertirse en la persona que desearía ser, o con la creencia de que no podrá llegar a la meta que no pudo alcanzar anteriormente.

6. La fuerza de la fe:

La fe es una relación entre la mente consciente del hombre y la gran reserva universal de Inteligencia infinita. Es el suelo fértil en el jardín de la mente humana donde pueden florecer todas las riquezas de la vida. Es el "elixir eterno" que da poder creativo y acción a los impulsos del pensamiento.

La fe es la base de lo que definimos como milagros, y de los varios misterios que no pueden ser explicados por la lógica o por la ciencia.

La fe es el componente "químico" espiritual, que cuando va en conjunto con oración le da conexión directa e inmediata con la Inteligencia infinita.

La fe es la fuerza que convierte las energías comunes del pensamiento a su equivalente espiritual. Y es el único poder por medio del cual la Fuerza cósmica de la Inteligencia infinita puede ser utilizada para provecho del hombre.

7. La disposición de compartir sus propias bendiciones:

Quién no ha aprendido la bendición de compartir no ha aprendido el verdadero camino a la felicidad, ya que la felicidad se experimenta solamente cuando se comparte. Y que siempre se recuerde que las riquezas pueden ser embellecidas y multiplicadas por el simple proceso de compartirlas cuando éstas pueden ser de provecho para otros y que también se tenga presente que el espacio que uno ocupa en los corazones de sus semejantes se determina precisamente por el servicio que se rinde a través de alguna manifestación del compartir las bendiciones que se han recibido.

Las riquezas cuando no se han compartido, sean éstas materiales o intangibles, se marchitan y mueren como una flor en un tallo maltratado, porque una de las primeras leyes de la naturaleza dicen que la no-acción y el desuso dirigen al deterioro y a la muerte, y esta ley se usa tanto a las posesiones materiales de los hombres así como a las células vivientes de cada cuerpo físico.

8. La obra del amor:

No existe hombre más rico que aquel que ha experimentado la obra del amor y quien se encuentra intensamente ocupado en realizarla, porque la obra del amor es la grande expresión humana del deseo. La obra del amor es la conexión entre la oferta y la demanda de todas las necesidades humanas, el antecesor de todo el progreso humano, el medio por el cual se le dan a la imaginación del hombre alas de acción. Y toda la obra del amor es santificada ya que trae el gozo de la propia expresión de aquel que la realiza.

9. Una mente abierta en todos los ámbitos:

La tolerancia, cualidad que se ubica entre los mayores atributos de la cultura, es expresada solamente por la persona que tiene una mente abierta respecto a todos los temas y a toda hora. Y es únicamente el hombre con mente abierta, quien se puede decir que está francamente educado, y por ende preparado, para asirse de las grandes riquezas de la vida.

10. La autodisciplina:

El hombre que no puede dominarse a sí mismo no está en capacidad de dominar nada. Quien puede dominarse a sí mismo, puede transformarse en el artífice de su propio destino, "en el artífice de su fortuna y en mayordomo de su propia alma." Y la mayor forma de autodisciplina se basa en la expresión de la humildad de corazón cuando uno ha logrado llegar a las grandes riquezas o ha alcanzado lo que generalmente se llama "éxito".

11. La capacidad de entender a las personas:

El hombre que es rico en comprender a las personas siempre reconoce que todas las personas son fundamentalmente parecidas, ya que vienen de la misma raíz, y que todas las actividades humanas están inspiradas por una o más de las nueve motivaciones básicas de la vida, a saber:

La emoción del amor
La emoción del sexo
El deseo de ganancia material
El deseo de supervivencia

El deseo de la libertad de cuerpo y mente
El deseo de la autoexpresión
El deseo de vivir después de la muerte
La emoción de la furia
La emoción del temor

Y, claro que, el hombre que entiende a otros, puede entenderse primero a sí mismo.

La capacidad de entender a otros excluye muchas de las causas comunes de fricción entre los hombres. Es la base de toda amistad. Es la base de toda armonía y cooperación entre los hombres. Es el fundamento superior de todo liderazgo que busca la cooperación amistosa. Y algunos piensan que es el enfoque de mayor importancia para poder entender al Creador de todas las cosas.

12. La seguridad económica:

Y en el final, pero no de menor importancia, está la porción tangible de las "Doce riquezas."

La seguridad económica no se tiene por la posesión del dinero únicamente. Se logra por el servicio que uno rinde, por el servicio útil que puede ser convertido en diversas formas que satisfacen las necesidades humanas, con o sin el uso del dinero.

Un hombre de negocios millonario tiene seguridad económica, no porque tenga el control de una vasta fortuna de dinero, sino por una mejor razón, y es porque suministra empleo a hombres y mujeres, y por medio de estos, bienes y servicios de gran valor para un número indeterminado de personas. El servicio que él presta atrae al dinero que él controla y es de esta forma que toda seguridad económica duradera se alcanza.

Ahora me gustaría familiarizarlo con los principios por los cuales el dinero y toda otra forma de riqueza se obtiene, pero antes de ello, usted tendrá que estar preparado para aplicar los principios pertinentes.

Su mente deberá estar preparada para recibir las riquezas tal como un terreno de un campo debe estar listo para recibir las semillas.

¡Cuando uno está preparado para una cosa es cuando de seguro aparece!

Esto no quiere decir que las cosas que uno pueda necesitar aparecerán porque sí, porque hay una gran diferencia entre las "necesidades" de uno y la disposición apropiada para recibirla. No comprender esta diferencia es no entender los grandes beneficios que espero transmitir.

Así que sea paciente y permítame dirigirlo a tener la "disposición" para recibir las riquezas que usted desee. Esta conducción la haré a "mi manera."

Mi manera al comienzo le parecerá no muy usual, pero no se desanime por esta razón, ya que al principio todas las ideas nuevas parecen raras. Si usted duda de que mi estilo sea práctico, tome ánimo del hecho que me ha traído riqueza en abundancia.

El progreso humano siempre ha sido lento debido que la gente suele ser renuente a aceptar nuevas ideas.

Cuando Samuel Morse anunció su nuevo sistema de comunicación a través del telégrafo el mundo se rió de él. Su sistema no era ortodoxo. Era novedoso, por lo eso, estuvo sujeto a sospecha y duda.

El mundo se rió de Marconi cuando anunció el perfeccionamiento y la mejora del sistema de Morse; un sistema de comunicación inalámbrico.

Thomas A. Edison fue ridiculizado cuando anunció el perfeccionamiento de su bombilla eléctrica incandescente y el primer fabricante de automóviles presento la misma experiencia cuando propuso al mundo la idea de un vehículo de autopropulsión que reemplazara al coche llevado por caballos.

Cuando Wilbur y Orville Wright anunciaron el vuelo de una máquina voladora el mundo ni siquiera se impresionó que los reporteros de los periódicos se negaron a ser testigos presenciales de una demostración del invento.

Cuando se realizó el descubrimiento de la radio moderna, uno de los milagros del ingenio humano que produjo que el mundo se asemejara cada vez más. Las mentes que no se hallaban preparadas la tomaron como un juguete que entretendría a los niños, pero nada más.

Menciono estos acontecimientos como una forma de recordarle, que está buscando riquezas de una nueva forma, para que no se desanime por lo novedoso del estilo. Siga fielmente las instrucciones que le doy, aprópiese de esta filosofía, el resultado es que funcionará con usted lo mismo que ha funcionado conmigo.

Al ser como guía para que usted alcance riquezas yo también recibiré mi compensación por mis esfuerzos en proporción equivalente a los beneficios que usted obtenga. La eterna ley de la compensación lo asegura. Mi recompensa no será directamente de usted, quien se apropiará de mi filosofía, pero vendrá de una forma u otra, ya que hace parte del gran plan Cósmico que determina que ningún servicio útil que se realice por alguien quedará sin ser recompensado. "Hágalo...," dijo Emerson, "y obtendrá el poder."

Aparte de considerar lo que yo recibiré por mi esfuerzo de obrar a favor suyo, también está el tema del deber que siento con el mundo de dar algo a cambio por todas las bendiciones que me han sido concedidas. Yo no conseguí mis riquezas solo, lo hice con la ayuda de muchas personas.

He aprendido que todo el que adquiere riquezas duraderas ha ascendido por la escalera de la abundancia con ambas manos extendidas; una mano extendida hacia arriba, para recibir la ayuda de los que han llegado a la cima y la otra extendida hacia abajo para ayudar a los que vienen atrás en ascenso.

Y déjeme decirle a usted quien se encuentra en la ruta a las riquezas, que usted también debe ascender con ambas manos extendidas, para recibir y para dar, porque es muy bien conocido el hecho de que ningún hombre puede lograr el éxito duradero o adquirir riquezas duraderas sin extender su ayuda a otros que también estén buscando alcanzar estas metas. ¡Para poder conseguir, uno primero tiene que dar!

¡De esta manera, al dar este mensaje yo también puedo dar! Y ahora que sabemos en qué se basan las verdaderas riquezas de la vida, quiero decirles el siguiente paso que necesitará dar en el proceso de "acondicionar" su mente para recibir las riquezas.

Yo he dicho que mis riquezas llegaron a constituirse por medio de la ayuda de otros.

Algunos de ellos han sido hombres que son muy conocidos para quienes estén enterados de mi historia. Los hombres que han sido líderes en preparar el camino para el resto de nosotros, lo que llamaremos "El estilo de vida americano".

Algunos otros, sin embargo, son anónimos, cuyos nombres no gozan de popularidad.

Entre estos desconocidos están ocho de mis amigos que han hecho mucho por mí al ayudarme a preparar mi mente para recibir las riquezas. Los denominaré Los ocho príncipes. Ellos me ayudan en todo momento.

Aunque nunca he conocido a estos Príncipes personalmente, así como he podido conocer a otros que me han ayudado, se han apostado como vigilantes sobre mis riquezas; me han cuidado del temor, la envidia, la duda, la indecisión, y la dilación. Me han inspirado a actuar sobre mi propia iniciativa personal, han mantenido mi imaginación activa y me han dado claridad de propósito y fe para afirmar el cumplimiento.

Ellos han sido los verdaderos "entrenadores" de mi mente, los constructores de mi actitud mental positiva.

Ahora, ¿los puedo encomendar a usted para que ellos a su vez le presten un servicio parecido?

Capítulo dos
LOS OCHO PRÍNCIPES

Si usted lo quiere, puede llamar a los ocho príncipes de otra manera. Quizás Mentores, o Principios, o Consejeros, o Guardianes del Buen espíritu.

Sin importar cual sea el nombre, los príncipes me han servido a través de una técnica que es simple y que se puede ajustar.

Cada noche, al final de mis actividades diarias, los Príncipes y yo tenemos una reunión en sesión de mesa redonda.

El propósito primordial es permitir expresarme, y así, vigorizar mi agradecimiento por el servicio que ellos me han rendido durante el día.

La reunión ocurre como si los Príncipes estuvieran en cuerpo presente. Es un momento para la meditación, la reflexión y para el agradecimiento, con el contacto que se hace por medio del pensamiento.

Aquí usted puede recibir su primer prueba para establecer su capacidad de "preparar su mente" para recibir las riquezas.

Cuando ocurra un sobresalto, recuerde lo que sucedió con Morse, Marconi, Edison y los hermanos Wright en el momento que anunciaron la producción de nuevas formas de rendir servicio. Hacerlo, le ayudará a resistir el sobresalto.

Ahora vayamos a un encuentro con los Príncipes:

¡GRATITUD!

Hoy ha sido un día hermoso.

He tenido salud mental y física.

He tenido alimento y cobijo.

Se me entregado la oportunidad de ser útil a los demás.

He tenido paz mental y libertad del temor.

Por estas bendiciones les agradezco a ustedes mis Príncipes de Guía. Estoy agradecido a todos ustedes colectivamente por esclarecer la madeja de mi vida anterior, y por haber liberado mi mente, mi cuerpo y mi alma de todas las causas y efectos del temor y la discordia.

Príncipe de la prosperidad material, estoy agradecido por conservar mi mente sintonizada con la conciencia de la abundancia y la plenitud, y por emanciparme del miedo a la pobreza y a la necesidad.

Príncipe de la buena salud, estoy agradecido por conservar mi mente sintonizada con la razón y la buena salud, suministrando los medios por los cuales cada célula de mi cuerpo y cada órgano físico ha sido sustentado apropiadamente con la cantidad de energía cósmica suficiente para satisfacer sus necesidades y así tener un contacto directo con la Inteligencia ilimitada la cual es suficiente para la distribución y la aplicación de esta energía donde sea necesaria.

Príncipe de la paz mental, estoy agradecido por conservar mi mente libre de todo tipo de inhibición y limitaciones autoimpuestas, otorgando a mi cuerpo y a mi mente descanso.

Príncipe de la esperanza, estoy agradecido por el cumplimiento de los deseos de hoy, y por la promesa del cumplimiento de los deseos del porvenir.

Príncipe de la fe, estoy agradecido por la vida que me ha sido otorgada, por la inspiración de poder hacer lo que es útil para mí y por aislarme de hacer lo que hubiera sido perjudicial, has dado facultad a mis pensamientos, atención a mis necesidades, y la sabiduría que me ha permitido entender las leyes de la naturaleza y el juicio para investirme a mí mismo de un espíritu de armonía.

Príncipe del amor, estoy agradecido por haberme dado la inspiración de compartir mis riquezas con todos los que han entrado en contacto conmigo durante el día, por haberme mostrado que solamente cuando doy es cuando puedo retener lo que es mío. Y estoy agradecido también por la conciencia del amor que se me ha otorgado, porque ha hecho mi vida dulce y ha hecho más gratas mis relaciones con los demás.

Príncipe del romance, estoy agradecido por haberme dado la inspiración del espíritu de la juventud a pesar de que los años han pasado.

Príncipe de la sabiduría, mi infinita gratitud por haber transformado en un bien de incalculable valor todos mis fracasos, caídas, errores de juicio, y de hecho, todos los miedos, todas las equivocaciones, todas las desilusiones y adversidades pasados. El bien que consiste en la disposición y la habilidad de inspirar a otros a tomar plena posesión de su propia mente y a usar el poder de ésta para la consecución de las riquezas de la vida, dándome así la dicha de compartir todas mis bendiciones con aquellos que están listos para recibirlas, y como resultado, enriquecer y multiplicar mis propias bendiciones para el beneficio de otros.

Mi gratitud también por hacerme ver la verdad de que ninguna experiencia humana debe convertirse en culpabilidad; que todas las experiencias pueden ser vistas desde un punto de vista útil; que el poder del pensamiento es el único poder sobre el cual puedo tener control completo; que el poder del pensamiento puede ser transformado en felicidad; que no hay límites para el poder de mi pensamiento, excepto aquellos que yo mismo fije en mi propia mente.

El mayor bien que yo poseo es haber descubierto la existencia de los ocho Príncipes, porque ellos han ambientado mi mente para recibir los beneficios de las Doce riquezas.

Es el hábito de la comunicación frecuente con los príncipes lo que asegura la continuidad de las riquezas, sin importar cuáles sean las circunstancias de la vida.

Los Príncipes han sido el intermediario a través del cual he logrado mantener mi mente fija en las cosas que deseo y desechar las cosas que no deseo.

Me han servido como un amuleto leal, un rosario de poder, mediante el cual he podido obtener el control del pensamiento, y "cada hora una perla y cada perla una bendición."

También me han abastecido continua defensa en contra de las tantas formas de actitud mental negativa; de modo que destruyen tanto la semilla del pensamiento negativo, así como la germinación de esa semilla en el territorio de mi mente.

Me han ayudado a tener mi mente fija en mi mayor meta en la vida y a dar plena expresión a la búsqueda de ese propósito.

Me ayudan a estar en paz conmigo mismo y con el mundo, y en armonía con mi propia conciencia.

Me ayudan a cerrar las puertas de mi mente a los pensamientos negativos de los fracasos y caídas pasadas. Por el contrario, me han ayudado a transformar todas mis culpas pasadas en bienes de incalculable valor.

Los Príncipes me han revelado la existencia de "mi otro yo", quien piensa, actúa, proyecta, desea y actúa con el ímpetu de la fuerza que no reconoce la existencia de lo imposible.

Y me han probado incontables veces que cada tropiezo genera una semilla con un beneficio equivalente. Así que cuando la adversidad me sobreviene, como le sucede a todo el mundo, no me sobrecojo ante ella sino que comienzo a buscar inmediatamente la semilla de su beneficio equivalente y a germinarla en una hermosa flor de oportunidad.

Los Príncipes me han otorgado el dominio sobre mi mayor adversario, yo mismo. Me han mostrado lo que es bueno para mi cuerpo y para mi alma y me han mostrado el camino a la fuente inagotable de todo lo bueno.

Me han enseñado la verdad de que la felicidad se basa no en la posesión de las cosas, sino en el privilegio de la propia expresión individual por medio del uso de las cosas materiales.

Me han enseñado que se obtienen mejores resultados al rendir servicio útil a otros que aguardar pasivamente a que otros rindan servicio a favor mío.

Fíjense que yo no pido nada a los Príncipes, sino que dedico la entera ceremonia a una expresión de agradecimiento por las riquezas que han dado a mí.

¡Los Príncipes están al tanto de mis necesidades y las satisfacen! Sí, satisfacen todas mis necesidades con abundancia.

Los Príncipes me han enseñado a pensar en términos de lo que yo puedo dar, en vez de lo que yo deseo alcanzar. De esa manera me han enseñado la orientación correcta de una forma de vida impersonal. La forma de vida que le demuestra a uno cuáles son las facultades que tiene dentro de sí y que se pueden vincular a la voluntad para la solución de todos los problemas personales y para la satisfacción de todas las necesidades materiales.

Me han enseñado a detenerme y a escuchar mi interior.

Me han otorgado la fe que me ha permitido anular mi razón y a aceptar la guía que proviene desde el interior, con completa confianza de que esa pequeña voz que habla desde adentro es superior a mis propias facultades de entendimiento.

Mi creencia de la vida fue inspirada por los Príncipes.

Deme la oportunidad de compartir esto con usted, para que usted también pueda adoptarlo como su creencia.

El credo del hombre feliz

He hallado la felicidad ayudando a otros a encontrarla.

Tengo buena salud física porque uso moderadamente todas las cosas y consumo solamente el alimento necesario que la naturaleza suministra para el mantenimiento de mi cuerpo.

Estoy libre del miedo en todas sus formas.

No guardo rencor a nadie, no envidio a nadie, amo a toda la humanidad.

Me encuentro ocupado en la obra del amor con la que combino el juego abundantemente. Por lo tanto, jamás me fatigo.

Agradezco todos los días y no pido por más riquezas sino por sabiduría para reconocer, apropiar y usar correctamente la abundancia de riquezas que tengo a mi disposición.

No hablo de nadie, solo para honrarlo.

No pido favores de nadie, excepto la oportunidad de compartir mis riquezas con toda persona que las pueda recibir.

Me encuentro en paz con mi conciencia. Por ello, mi conciencia me dirige apropiadamente en todo lo que hago.

No tengo enemigos porque no afecto a nadie en cosa alguna, sino que obro en beneficio de todos aquellos con quienes entro en contacto enseñándoles la manera de hacer duraderas sus riquezas.

Tengo más abundancia material de la que necesito porque estoy libre de la envidia y ansío tener solamente las cosas materiales que pueda usar mientras viva.

Tengo una gran propiedad que es libre de impuestos porque existe solamente en mi propia mente en riquezas impalpables que no pueden ser valoradas o apropiadas excepto por aquellos que pueden tomar mi estilo de vida.

He construido esta gran propiedad a través de observar las leyes de la naturaleza, adaptando mis hábitos en conformidad con ellas.

Alcances de la Llave maestra

Ahora prosigamos con nuestra historia haciendo una descripción de la filosofía que uno debe tomar a fin de alcanzar las Doce riquezas. Hasta el momento he descrito un método de preparar la mente para recibir las riquezas. Pero este es sólo el comienzo de la historia.

Aún tengo que explicar cómo puede uno tomar posesión de las riquezas y hacer completo uso de ellas.

La historia comienza hace a más de medio siglo atrás y tuvo su inicio en la vida de Andrew Carnegie, un gran filántropo, un digno representante del sistema americano.

El señor Carnegie, consiguió las Doce riquezas en conjunto con una porción financiera que era tan grande que la vida no le alcanzó para compartirla en su totalidad, de manera que la traspasó a otros hombres que en el presente participan en utilizarla para el beneficio de la humanidad.

El señor Carnegie, también fue bendecido por el obrar de los ocho Príncipes, el Príncipe de la Gran sabiduría le ayudó de tal manera que le inspiró a no solo dar todas sus riquezas materiales, sino también a compartir con la gente una completa filosofía de vida por medio de la cual se pueden conseguir riquezas.

La filosofía consiste en los diecisiete principios que conforman en todo aspecto el patrón de la Constitución de los Estados Unidos de América, de la libre empresa.

El señor Carnegie, explicó el motivo que lo llevo a inspirar la organización de la filosofía del logro individual cuando dijo: "Yo adquirí mi dinero a través de los esfuerzos de otras personas y lo devolveré a la gente tan rápido como pueda encontrar la manera para hacerlo sin el anhelo de conseguir algo a cambio. Pero la mayor porción de mis riquezas consiste en el conocimiento que he adquirido de las porciones tanto tangibles como intangibles de éste.

Por lo tanto, es mi deseo que este conocimiento sea moldeado en una filosofía y que esté al alcance de toda persona que se halle en la búsqueda de una oportunidad bajo la propia determinación de acuerdo con el sistema de la economía americana".

Esta es la filosofía que usted deberá adoptar y aplicar si ambiciona poseer las riquezas que deseo compartir con usted.

Antes de describir los principios de esta filosofía quisiera hacer un breve resumen de lo que ésta ha logrado para otras personas a través de más de medio mundo.

Ésta ha sido traducida a cuatro de los dialectos más populares de la India haciéndolos aprovechables a más de dos millones de personas.

Ha sido traducida al portugués para que tengan acceso y provecho la gente de Brasil y ha ayudado a más de 1.500.000 personas.

Ha sido publicada en una edición especial por todo el Imperio Británico donde ha beneficiado a unas dos millones de personas.

Ha beneficiado en promedio de una o dos personas en prácticamente cada ciudad, pueblo y aldea en los Estados Unidos sumando un número estimado superior a los 20 millones de personas.

Por lo que podría ser el medio de proporcionar un mejor espíritu de compañerismo y cooperación entre todos los pueblos del mundo, ya que no se fundamenta en ningún credo o marca, sino que consiste en las bases de todo éxito duradero y todos los logros humanos positivos en cada área del esfuerzo humano.

Es compatible con todas las religiones, y a su vez, no forma parte de ninguna de ellas.

Es tan universal en su naturaleza que lleva forzosamente al éxito en todas las ocupaciones.

Pero lo más importante de todo, es que la filosofía es tan simple que usted puede comenzar a aplicarla, justo en este mismo lugar donde se encuentra ahora, y ponerla en funcionamiento a favor de usted.

Así que bienvenido a la explicación de los secretos de ¡La Llave maestra de la riqueza!

Los diecisiete principios le servirán como un mapa seguro que lo conducirán directamente a la fuente de todas las riquezas, sean estas palpables o impalpables. Siga bien el mapa y no se perderá del camino; no obstante, prepárese para seguir todas las instrucciones y tomar todas las responsabilidades que van con la posesión de las grandes riquezas. Y sobre todo recuerde que las riquezas duraderas deben ser compartidas con otros; que uno tiene que pagar un precio por todo lo que va a obtener.

La Llave maestra no le será otorgada por medio de alguno de estos diecisiete principios, porque su secreto consiste en la combinación de todos estos.

Estos principios representan diecisiete puertas a través de las cuales uno debe ingresar y obtener acceso al recinto interno donde está asegurada y protegida la fuente de todas las riquezas.

La Llave maestra le abrirá la puerta a ése recinto y estará en sus manos cuando usted se halla preparado para aceptarla.

Su preparación consistirá en la asimilación y aplicación de los primeros cinco de estos diecisiete principios que ahora describiré a continuación.

Capítulo tres
LA CLARIDAD
DE PROPÓSITO

Resulta impresionante el hecho que todos los grandes líderes durante todas las épocas de la historia han logrado su liderazgo por el destaque de sus habilidades detrás de un Propósito mayor definido.

Y no es menos impresionante observar que todo aquello que ha sido clasificado como fracaso, no ha tenido tal propósito, sino que ha ido a la deriva como un barco sin rumbo, retornando al punto de inicio con las manos vacías.

Algunos de estos "fracasos" comienzan con un Propósito definido, pero abandonan su cometido en el momento en que surgen adversidades temporales u oposiciones. Se dan por vencidos y se retiran sin saber que hay una filosofía de éxito que es definida y confiable como lo son las leyes de las matemáticas sin sospechar que aquella derrota temporal no es más que simplemente un terreno de prueba que puede convertirse en una bendición disfrazada si no es considerada como una derrota definitiva.

Uno de los grandes problemas de la civilización consiste en que noventa y ocho de cada cien personas transitan por la vida sin darse cuenta o siquiera aproximarse a ver que existe un mayor propósito definido.

La primera prueba que el señor Carnegie designó a todos sus trabajadores asociados que estaban bajo observación para ser promovidos a puestos de mayor responsabilidad, era la de determinar hasta qué punto estaban estos individuos dispuestos a ir un paso extra.

Su segunda prueba le ayudaba a determinar si la persona tenía la mente puesta en un propósito definido, incluyendo la preparación necesaria para el logro de éste.

"Cuando le pedí al señor Carnegie mi primer ascenso", dijo Charles M. Schwab, "me sonrió generosamente y respondió, si usted ha fijado su corazón en lo que anhela no hay cosa que yo pueda hacer para detenerlo."

¡El señor Schwab sabía lo que quería! Era el puesto más alto bajo el control de Carnegie.

El señor Carnegie le ayudó a conseguirlo.

Una de las cosas extrañas acerca de los hombres que actúan con claridad de propósito es la rapidez con la que pone a su disposición los medios con los que puede lograr su meta aún hasta que otros lo ayudan a conseguir sus propósitos.

Nace una filosofía

La historia detrás de la definición de esta filosofía es una historia de connotaciones dramáticas relacionadas con el valor que Andrew Carnegie le dio al tema de la claridad de propósito.

Él había desarrollado su gran industria de acero y acumulado una gran fortuna cuando centró su atención en el uso y disposición de ésta. Habiendo asimilado que la mejor parte de sus riquezas consistía en el conocimiento por medio del cual había acumulado tales riquezas y en su entendimiento de las relaciones humanas, su mayor propósito se convirtió en inspirar a alguien que pudiera organizar una filosofía que transmitiera este conocimiento a todo el que quisiera poseerlo.

Para aquel entonces ya estaba avanzado en años y reconoció que ésta tarea requeriría de los servicios de una persona joven que tuviera el tiempo y la disposición de ocupar veinte años o más en la investigación sobre lo que genera el logro individual.

Cuando yo conocí al señor Carnegie por simple eventualidad (había venido a entrevistarlo para que contara la historia de sus adquisiciones para un artículo de una revista) ya había entrevistado a más de doscientos cincuenta hombres de los cuales sospechaba que pudieran estar en tal condición. Él estaba acostumbrado a probar el temperamento de los hombres con profunda perspicacia y en ese momento se preguntó si yo tendría las cualidades que él había estado buscando durante tanto tiempo, así que se diseñó un ingenioso plan para averiguarlo.

Empezó relatando la historia de sus logros. Entonces intentó sugerir que el mundo necesitaba una filosofía práctica sobre el logro individual que le permitiera al trabajador más humilde obtener riquezas de cualquier cantidad y lograr lo que deseara.

Esos últimos días él había estado trabajando en su idea, describiendo lo que se requería para organizar la filosofía.

Cuando la historia estuvo completa el señor Carnegie estaba listo para aplicar su test, así él podría saber si había encontrado al hombre que pudiera llevar a cabo su idea hasta culminarla.

"Usted ahora comprende mi idea de una nueva filosofía," me dijo, "y deseo hacerle una pregunta en relación con eso y deseo que me responda con simplemente un sí o un no." La pregunta es esta: "¿Si yo le diera la oportunidad de organizar la primera filosofía del mundo sobre el logro individual, y le presentara a los hombres que pudieran colaborarle en el trabajo de la organización, desearía tener esa oportunidad y la llevaría a cabo hasta completarla?"

Yo despejé mi garganta, tartamudee durante algunos segundos y entonces respondí con una breve pero certera respuesta.

"Sí" respondí, "¡no solo emprenderé el trabajo, sino que también lo terminaré!"

Aquello fue definitivo. Era lo único que el señor Carnegie estaba buscando - claridad de propósito.

Muchos años después supe que el señor Carnegie había estado sosteniendo un reloj cronómetro en su mano cuando hizo la pregunta, y que había fijado un término de sesenta segundos para obtener la respuesta. Si ésta se hubiera tardado más de eso la oportunidad hubiera tenido que esperar más. Mi respuesta tomó en realidad veintinueve segundos.

Y la razón para fijar ese tiempo la explicó el mismo señor Carnegie.

Explicó, "En mi experiencia he observado que cuando un hombre no puede tomar una decisión prontamente, una vez tiene todos los elementos necesarios, no es confiable al llevar a cabo la decisión que tome. También he descubierto que los hombres que toman decisiones con rapidez usualmente tienen la capacidad de la claridad de propósito en otras circunstancias."

El primer obstáculo había sido superado con honores, pero aún había otro esperando.

"Muy bien," dijo el señor Carnegie, "usted tiene una de las dos cualidades importantes que se requieren de parte del hombre que organice la filosofía. Ahora sabré si usted tiene la segunda."

"Si yo le diera la oportunidad de organizar la filosofía, ¿está dispuesto a entregar veinte años de su tiempo a investigar las causas del éxito y el fracaso, sin tener salario alguno, derivando su sustento de su actividad actual?"

Esa pregunta causo gran conmoción en mí porque obviamente yo esperaba ser subsidiado en vista de la vasta fortuna del señor Carnegie.

Pese a eso me sobrepuse enseguida a la sorpresa y le pregunté al señor Carnegie por qué la indisposición a suministrar el dinero para tan importante obra.

"No es indisposición a suministrar el dinero," contestó el señor Carnegie, "más bien es mi aspiración de saber si usted cuenta con la capacidad natural de ir una milla extra al rendir servicio antes de intentar recibir paga por él."

Entonces pasó a explicar que los hombres más exitosos en todo ámbito de la vida eran y habían sido hombres que habían tenido el hábito de rendir servicio adicional comparado con el pago que recibían. También recalcó el hecho de que los subsidios de dinero, sea que estos fueran entregados a individuos o a grupos de individuos, frecuentemente hacían más mal que bien.

Y me recordó que se me había otorgado la oportunidad que había sido negada a más de doscientos cincuenta hombres algunos de los cuales eran mucho mayores y con mayor experiencia que yo, y terminó diciendo: "Si usted aprovecha al máximo la oportunidad que le brindo es posible que usted pueda adquirir riquezas tan grandes que podrá superar mi riqueza material, ya que esta oportunidad le dará la manera de penetrar en las mentes más agudas de esta nación y lograr beneficio de las experiencias de líderes americanos más grandes de la industria y le permitirá proyectar la influencia del bien a través del mundo civilizado, aún enriqueciendo a aquellos que están por nacer."

¡Yo acepté la oportunidad!

Había recibido la primera lección sobre la claridad de propósito y la disposición de ir una milla adicional.

Veinte años después, aproximadamente en esta misma fecha, la filosofía que diseñó el señor Carnegie, considerada como la mejor porción de sus riquezas, ha sido compilada y mostrada al mundo en una edición de ocho volúmenes.

Y seguro que algunos se preguntarán, "Y, ¿qué hay del hombre que pasó veinte años sin recibir compensación? ¿Qué retribución recibió por su labor?"

Sería imposible entregar una respuesta definitiva a esta pregunta, ya que el hombre mismo no sabe el valor total de los beneficios que ha recibido. Es más, algunos de estos beneficios son tan flexibles en su naturaleza que le continuarán siendo útiles toda su vida.

Pero para la satisfacción de aquellos que miden las riquezas en solo términos materiales, puede decirse que un libro, el resultado del conocimiento que obtuvo de la aplicación del principio de ir una milla extra ya ha generado una ganancia estimada en más de tres millones de dólares. El tiempo total de la escritura del libro fueron cuatro meses.

La claridad de propósito y la constancia de ir una milla extra forman una fuerza asombra la imaginación de las personas más soñadoras, a pesar de que estos son solo dos de los diecisiete principios del logro individual.

Estos principios se han asociado aquí con un simple propósito: señalar cómo los principios de esta filosofía se relacionan, cómo los eslabones de una cadena, y cómo esta combinación de principios llevan al desarrollo de un poder tremendo que no se puede lograr por la aplicación individual de alguno de ellos.

La fuerza de la claridad de propósito

Así analizamos la fuerza de la claridad de propósito y los principios psicológicos de los cuales se deriva la fuerza.

Primera premisa:

El punto de inicio de todo el logro individual está en la adopción de un propósito específico y un plan definido que se quiera alcanzar.

Segunda premisa:

Todo logro es el resultado de un motivo o una combinación de motivos, ya que hay básicamente nueve motivos que rigen todas las acciones voluntarias. (Estos motivos ya los hemos descrito anteriormente en el capítulo uno).

Tercera premisa:

Cualquier idea dominante, plan o propósito fijado en la mente, por medio de la repetición del pensamiento, y alimentado emocionalmente con una aspiración intensa de lograr su realización, es absorbido por la sección subconsciente de la mente para ser llevado a cabo en un desarrollo lógico de acontecimientos a través de cualquier medio natural disponible.

Cuarta premisa:

Cualquier aspiración, plan o propósito dominante, abrigado en la mente consiente y respaldado con fe completa en su realización, es asumido y llevado a cabo inmediatamente por la sección subconsciente de la mente, y no hay registro de que esta clase de deseos hayan quedado sin efectuarse.

Quinta premisa:

El poder del pensamiento es la única cosa sobre la cual cualquier persona tiene el completo control -un hecho evidentemente asombroso que demuestra la relación estrecha entre la mente del hombre y la Mente universal de la Inteligencia infinita, con el vínculo que los une que es la Fe.

Sexta premisa:

La sección subconsciente de la mente es la puerta que dirige a la Inteligencia infinita, ¡y responde a los requerimientos de uno en proporción justa a la calidad de su Fe! La mente subconsciente puede ser alcanzada a través la fe, la cual puede recibir instrucciones como si se tratara de una persona o fuera una entidad en sí misma.

Séptima premisa:

Un propósito definido, protegido con fe absoluta, es una forma de sabiduría, y la sabiduría en acción origina resultados positivos.

Las ventajas superiores de la claridad de propósito

La claridad de propósito genera autoconfianza, iniciativa personal, imaginación, entusiasmo, autodisciplina, concentración y esfuerzo, y todos estos son requisitos para el logro del éxito material.

Lo conduce a uno a administrar su tiempo y a planear sus esfuerzos diarios de manera que logre el propósito más grande de su vida.

Le ayuda a estar activo al identificar las oportunidades relacionadas con el propósito principal de uno, y le infunde el valor preciso para apropiarse de las oportunidades cuando éstas aparecen.

Atrae la ayuda de otras personas.

Dispone el camino para el completo ejercicio del estado de ánimo conocido como Fe en mente positiva, liberándolo de las limitaciones del miedo, la duda y la indecisión.

Desarrolla en uno la conciencia del éxito sin la cual no se puede lograr el éxito duradero en cualquier área.

Vence la costumbre destructiva de la dilación.

Y finalmente, conduce directamente al desarrollo y mantenimiento permanente de la primera de las Doce riquezas, la actitud mental positiva.

Estas son las propiedades principales de la claridad de propósito, aunque comprende muchas otras cualidades y usos, y está relacionada con cada una de las Doce riquezas, ya que éstas son realizables sólo a través de la singularidad de propósito.

Compare los principios de la claridad de propósito con las Doce riquezas, uno a la vez, y reflexione en cuán esencial es para conseguir cada una de éstas.

Lugo realice un inventario de hombres que hayan conseguido resultados sobresalientes de esta nación y fíjese cómo cada uno de ellos ha destacado algún propósito mayor como el objetivo de sus esfuerzos.

Thomas A. Edison dedicó sus esfuerzos por completo a las invenciones científicas.

Andrew Carnegie se especificó en la producción y venta de acero.

E W. Woolworth fijó tu atención en la administración de las tiendas Five and Ten Cents.

La particularidad de Philip Armour fue la de distribución y envió de carnes.

James J. Hill se dedicó a la construcción y el mantenimiento del gran sistema ferroviario transcontinental.

Alexander Graham Bell se especializó en la investigación científica para el progreso de la telefonía moderna.

Marshall Field dirigió la tienda al detal más grande del mundo.

Cyrus H. K. Curtis dedicó toda su vida al progreso y publicación del Saturday Euening Post.

Jefferson, Washington, Lincoln, Patrick Henry y Tomas Paine dedicaron gran parte de sus vidas y fortunas a alargar la lucha por la libertad del pueblo.

¡Hombres con particularidad de propósitos! ¡Cada uno de ellos!

Y la lista pudiera aumentarse hasta que contuviera el nombre de cada gran líder americano que ha ayudado al establecimiento del estilo de vida americano el cual conocemos hoy y del cual nos beneficiamos.

Cómo obtener un Propósito definido mayor

El procedimiento para el desarrollo de un Propósito específico mayor es muy simple, pero importante a la vez, a estar al tanto:

(a) Escriba una declaración completa, clara y precisa de su mayor Propósito en la vida, fírmela y recuérdela.

Después repítala audiblemente como mínimo una vez cada día, si es posible con mayor frecuencia. Repítala una y otra vez, encargando así su propósito y su fe a la Inteligencia infinita.

(b) Escriba un plan determinado y claro por medio del cual usted se propone comenzar el logro de su objetivo de su Propósito mayor definido. En esta declaración determine el límite máximo de tiempo permitido para el logro de su propósito, y describa exactamente lo que se propone dar a cambio por la realización de su propósito, recordando que no existe tal cosa como algo a cambio de nada, y que todo tiene un precio que debe pagarse por adelantado de una forma o de otra.

(c) Forme su plan lo suficientemente flexible para permitir cambios en cualquier momento en que tenga la inspiración para ello.

Recuerde que la Inteligencia infinita, que maniobra en cada átomo de la materia y en cada cosa viva o inanimada, puede presentarle un plan muy superior al que usted haya podido anticipar. Por lo tanto, esté preparado en todo momento a reconocer y a adoptar cualquier plan superior que surja en su mente.

(d) Aférrese rigurosamente a su Propósito mayor y a sus planes hasta que reciba instrucciones adicionales para llevar a cabo su plan en la descripción del Principio de la Mente maestra, como sigue.

No haga el error de asumir que debido a que no entiende estas instrucciones, los principios aquí expuestos no son procedentes.

Continúe las instrucciones al pie de la letra, acátelos de buena fe y recuerde que al hacerlo, estará respondiendo el procedimiento de varios de los líderes más sobresalientes que esta nación ha producido.

Las instrucciones no piden que se realicen esfuerzos que no se puedan alcanzar fácilmente.

No hacen requerimientos de tiempo o de habilidades que una persona promedio no pueda poseer.

Y están en conjunto con la filosofía de todas las religiones verdaderas.

Determine en este momento lo que usted desea de la vida y lo que quiere dar a cambio. Decida a dónde se quiere dirigir y cómo desea llegar allá. Entonces inicie desde el lugar donde se encuentra ahora. Inicie con los medios que tenga a su alcance. Descubrirá que al grado en que utilice los medios a su disposición, otros y mejores medios le serán revelados.

Esa ha sido la experiencia de todos los hombres que el mundo ha denominado como exitosos. La mayoría tuvo principios humildes, muchos con nada más que una ambición apasionada de conseguir su meta definida.

¡Pero existe una magia duradera en ese deseo!

Y finalmente recuerde:

> "El dedo que se mueve escribe; con sorprendente ansío,
> Se mueve: no por piedad, ni por sagacidad
> Y si volviera para cancelar una línea,
> Ni con todas tus lágrimas borrarías una palabra"

El ayer se ha marchado para siempre. El mañana nunca llegará, pese a eso, el hoy es el ayer del mañana, el cual está a tu alcance.

¿Qué estás haciendo con él?

Hoy les estoy dejando ver el principio que es la piedra angular del arco de todos los grandes logros; el principio que es el responsable que nuestro gran sistema americano de vida; nuestro sistema de la libre empresa; nuestras riquezas y nuestra libertad. Pero primero tengamos la seguridad de que usted sabe qué es lo que anhela de la vida.

Las ideas que llevan al éxito empiezan con claridad de propósito

Es conocido que las ideas son los únicos bienes que no poseen valores fijos. También es bien sabido que las ideas son el inicio de todos los logros.

Las ideas forman el fundamento de todas las fortunas, el punto de inicio de todos los inventos. Nos han permitido dominar las alturas y las aguas de los océanos; nos han hecho aprovechar las energías invisibles del universo.

Todas las ideas emprenden como resultado de la claridad de propósito. El fonógrafo no era más que una idea indeterminada hasta que Edison lo concibió por medio de la firmeza de su propósito y lo planeó hasta la porción subconsciente de su cerebro donde fue proyectado en la gran reserva de Inteligencia infinita, de donde se derivó el plan de acción que resultó en una máquina que funcionara.

La filosofía del logro individual comenzó como una idea en la cabeza de Andrew Carnegie. Él respaldó su idea con claridad de propósito y ahora la filosofía está disponible para el beneficio de millones de personas en el mundo civilizado.

Más aún, su idea tiene un margen de probabilidad mayor al promedio de transformarse en una de las grandes fuerzas de alivio para el mundo porque está siendo utilizada por un creciente número de personas para regirse en medio de un mundo frenético por la histeria.

El gran continente americano distinguido como el "Nuevo mundo" fue descubierto y puesto bajo el dominio de la civilización como resultado de una idea que nació en la mente de un humilde marinero y que fue respaldada por la firmeza de un propósito. Y se aproxima el tiempo en que esa idea, creada hace más de cuatrocientos años pueda elevar a nuestra nación a una posición donde se convertirá en la más iluminada frontera de civilización.

Cualquier idea que se tenga en la mente, acentuada, temida o reverenciada comienza inmediatamente a fortalecerse de la forma física más beneficiosa y apropiada que se encuentre disponible.

Lo que sea que los hombres piensen, hablen de, o teman, sea bueno o malo, busca la forma definitiva de materializarse de una manera u otra. Que aquellos que pelean para liberarse de las limitaciones que imponen la pobreza y la miseria no olviden esta gran verdad, porque emplea tanto a un individuo como a una nación de personas.

El vínculo de la autosugestión

Ahora concentremos nuestra atención en el principio a través del cual los pensamientos, las ideas, los planes, las esperanzas y los propósitos que hacen parte de la mente consciente buscan la manera de llegar a la sección subconsciente de la mente donde son recogidos y llevados a su conclusión lógica, mediante una ley de la naturaleza de la cual mencionaré más adelante.

Reconocer este principio y comprenderlo es también entender la razón por la cual la claridad de propósito forma el principio de todos los logros.

Trasladar los pensamientos desde la sección consciente a la sección subconsciente de la mente puede acelerarse a través del simple proceso de "aumentar" o simular las vibraciones del pensamiento por medio de la fe, el miedo o cualquier otra emoción intensa, tal como el entusiasmo que es un deseo ardiente basado en la claridad de propósito.

Los pensamientos resguardados por la fe tienen precedencia sobre todos los demás en el tema de la claridad y la velocidad en que son transmitidos a la sección subconsciente de la mente para ser realizados. La velocidad con la que funciona la fuerza de la fe ha dado inicio a la creencia que muchos tienen que determinados fenómenos son naturalmente "milagros."

Los psicoanalistas y los científicos afirman que no hay fenómenos tales como los milagros mostrando que todo lo que sucede es el resultado de una causa aunque dicha causa no pueda ser explicada. Pese a eso, es un hecho conocido que la persona que es capaz de liberar su mente de las limitaciones auto impuestas por medio de la actitud conocida como la fe, generalmente encuentran la solución a todos sus problemas, sin importar su naturaleza.

Los psicólogos reconocen también que la Inteligencia infinita, la cual no es automáticamente un solucionador de misterios, no logra ninguna conclusión lógica ni a ninguna idea clara, intención, propósito, o deseo definido, que no sea enviado a la sección subconsciente de la mente en una actitud mental de perfecta fe.

Pese a eso, la Inteligencia infinita jamás intenta modificar, cambiar o alterar cualquier pensamiento que sea remitido a ella y nunca se ha sabido que haya actuado por simple anhelo, idea, pensamiento o propósito indefinido. Así que tenga esto muy presente en su mente y se hallará en posesión de la fuerza necesaria para resolver sus problemas cotidianos con mucho menos esfuerzo del que hace la mayoría de personas que se angustian por sus propios problemas.

Los llamados "presentimientos" son frecuentemente señales que muestran que la Inteligencia infinita se está esforzando por conseguir la sección de la mente consciente, pero usted notará que estos usualmente vienen como respuesta a alguna idea, plan, propósito, deseo o a algún miedo que haya sido transmitido a la sección subconsciente de la mente.

Todos los "presentimientos" deberían ser tratados y examinados minuciosamente, ya que estos frecuentemente transmiten enteramente o en parte, información de valor incalculable al individuo que los recibe.

Tales "presentimientos" realizan su aparición muchas horas, días o semanas después de que el pensamiento que los inspira llega a la reserva de la Inteligencia infinita, y mientras tanto, por lo general el individuo ha olvidado el pensamiento original que los inspiró.

Este es un tema profundo acerca del cual aún las personas más sabias, saben muy poco. Y suele convertirse en un tema auto revelado solo bajo meditación y pensamiento.

Entienda este principio sobre la operación de la mente y obtendrá una clave confiable de por qué la meditación a veces le trae a uno aquella cosa que se anhela, mientras que a veces le trae a uno lo que no se anhela.

Este tipo de actitud mental se logra sólo a través de preparación y autodisciplina mediante un método que describiré próximamente.

Es una de las verdades más profundas acerca de los temas humanos, trátese de asuntos de pensamientos en cadena o de pensamientos individuales; moldéelos de forma que se ajusten en el patrón de aquellos pensamientos.

Las personas exitosas logran el éxito debido a que adquieren el hábito de pensar en términos de éxito.

La claridad de propósito puede y debe ocupar la mente, de manera que uno no tenga tiempo o haya espacio en su mente para pensamientos de fracaso.

Otra verdad profunda consiste en el hecho de que el individuo que haya vivido la derrota y que se considere a sí mismo un fracaso, puede cambiar la posición de las "velas" de su mente, y convertir los vientos de desgracia en un poder de fuerza equivalente que lo puede conducir al éxito, así como dice el refrán:

> "Un barco va a la mar al oriente, otro al occidente,
> Impulsados por el mismo viento,
> Es la disposición de las velas y no las tormentas,
> Lo que las impulsa a dónde ir."

Para quienes que se consideran a sí mismos "racionales" esta consideración de la Claridad de propósito puede parecer abstracta o impráctica.

Hay un poder mayor que el poder del pensamiento consciente, y éste frecuentemente no es perceptible a la mente limitada de un hombre. El aceptar esta verdad es esencial para lograr la culminación exitosa de cualquier claridad de propósito basada en el deseo de un gran logro.

Filósofos de todos los tiempos, desde Sócrates y Platón, hasta Emerson y los modernos, y todos los grandes estadistas de nuestros tiempos, como George Washington y Abraham Lincoln, se han vuelto a su "ser interior" en épocas de mayor dificultad.

Y no nos disculpamos por creer que el éxito duradero que se haya alcanzado o que se haya de alcanzar, es conseguido solamente por aquellos que reconocen y utilizan los poderes del Infinito, en la medida en que estos sean percibidos exteriorizados por medio del "yo interno."

Los sucesos en la vida de cada persona son el resultado de una causa concreta, trátese de circunstancias que conlleven a fracasos o éxitos.

Y la gran parte de las circunstancias en la vida de las personas son el resultado de causas sobre las cuales se puede tener control.

Esta verdad da relevancia al principio de Claridad de propósito. Si las circunstancias de la vida de una persona no son las que anhela, puede cambiarlas por medio de cambiar su actitud mental y de formar nuevos patrones de pensamientos más anhelados.

La Claridad de propósito conduce al éxito

De todos los empresarios americanos que han contribuido al progreso de nuestro sistema industrial, ninguno ha sido más destacado que Walter Chrysler.

Su historia da esperanza a todo americano que desea a tener fama y fortuna, y sirve de evidencia de la fuerza que se puede lograr de actuar con claridad de propósito.

Chrysler se empezó como mecánico en un taller ferroviario de Salt Lake City en Utah. De sus ahorros pudo recolectar un poco más de $4.000 dólares que pretendía utilizar como base para formar un negocio.

Investigando con diligencia visualizó que la industria automotriz iba en crecimiento, de manera que se determinó a incursionar en esa área.

El comienzo en industria fue un tanto dramático como novelesco.

Su primera acción sorprendió a sus amigos y asombró a sus familiares, ya que consistió en invertir todo su dinero en un automóvil. Cuando el automóvil llegó a Salt Lake City Chrysler provocó aún más sorpresa entre sus amigos. Desbarató su automóvil pieza por pieza hasta que las partes quedaron totalmente esparcidas por su taller. Entonces empezó a unir las partes de nuevo. Realizo esto tantas veces que algunos de sus amigos pensaron que había perdido la razón.

Claramente ellos no entendían su intención. Ellos observaban lo que hacía con el automóvil lo que les parecía no tener sentido e inútil. Pero de lo que no se dieron cuenta fue del plan que Walter Chrysler tenía en mente.

Él estaba "preparando su mente al automóvil", llenándola de claridad de propósito. Él estaba observando con mucho cuidado cada detalle del automóvil. Cuando participaba en su trabajo de desarmar y luego ensamblar, observaba los aciertos y desaciertos en su producción.

De esa experiencia comenzó a diseñar automóviles incorporando los buenos aciertos del auto que había comprado y evitó repetir los desaciertos. Chrysler realizó tan bien su trabajo que cuando sus automóviles comenzaron a salir al mercado se convirtieron en la gran sensación de la industria automotriz.

Su ascenso a la fama y a la fortuna no tomo mucho tiempo; y todo porque él sabía muy bien desde el comienzo adonde quería llegar y se preparó con exhaustividad para el viaje.

Fíjese en los hombres que actúan con claridad de propósito y le impresionará darse cuenta la facilidad con la que ellos atraen la cooperación amistosa de otros y la forma en la que vencen la oposición y consiguen lo que se proponen.

Examine detenidamente el caso de Walter Chrysler y observe cómo logró las Doce riquezas de la vida y derivó el máximo beneficio de ellas.

Él comenzó a cultivar la mayor de todas las riquezas, es decir, la actitud mental positiva.

Ello le suministró un terreno fértil en el cual plantar y cultivar la semilla de su Propósito más definido, el cual se basaba en la construcción y producción de excelentes automóviles.

Entonces, una a una, empezó a conseguir las demás riquezas:

Buena salud física, armonía en las relaciones humanas, libertad del

miedo, esperanza del logro, la fuerza de la fe, la disposición para compartir sus bendiciones, la obra del amor, una mente abierta en todos los temas, la autodisciplina, la capacidad de entender a las personas, y por último, la seguridad económica.

Una de las cosas más intrigantes respecto a Walter Chrysler fue la facilidad con la que consiguió el éxito. Él no tenía una cantidad imponente de capital para empezar. Su nivel educativo era limitado. Tampoco tenía patrocinadores adinerados para iniciar el negocio.

Pero tenía una idea práctica y suficiente iniciativa personal para comenzar, justo desde donde se hallaba, para desarrollarla. Lo que precisaba para convertir su Propósito mayor definido en realidad casi milagroso si se ponía en sus manos. Algo que no es poco común para quienes actúan con claridad de propósito.

Dos millones de propósitos

Luego de publicar el libro Piense y conviértase en rico (un libro con la interpretación de una porción de la filosofía de Andrew Carnegie sobre el logro individual), la editorial comenzó a recibir pedidos vía telegráfica de librerías situadas en Des Moines, Iowa y sus alrededores.

Los pedidos requerían envío inmediato del libro. La razón por la demanda repentina del libro fue un enigma hasta que semanas más tarde, la editorial recibió una carta de Edward P Chase, un vendedor de pólizas de seguros representante de Sun Life Assurance Company, en la cual decía: "Escribo para manifestar mi agradecimiento por su libro, Piense y conviértase en rico. Seguí su consejo al pie de la letra y como resultado recibí una idea que trató en la venta de una póliza de seguros de dos millones de dólares. La venta más grande en su clase que se haya registrado en Des Moines."

Las palabras claves en la carta del señor Chase aparecen en la segunda oración: "Seguí su consejo al pie de la letra."

Él actuó con claridad de propósito lo que le posibilitó ganar más dinero en una hora de lo que los vendedores de pólizas ganan en cinco años de esfuerzo ininterrumpido.

En una pequeña frase el señor Chase contó la historia de una transacción de negocios que lo transformó, luego de ser un simple hombre que vendía pólizas de seguros, en un miembro de la codiciada mesa redonda de los que poseen más de un millón de dólares.

Cuando salió a vender la póliza de los dos millones de dólares llevó consigo una forma de Claridad de propósito basada con fe. Él no solamente leyó el libro, como quizás varios millones de otros hombres lo han hecho, poniéndolo al lado con una actitud de indiferencia o de incertidumbre, con la idea que los principios mencionados en él podrían funcionar con otros pero no con él.

Más bien, leyó el libro con mente abierta, con espíritu atento, identificó el poder de las ideas que contenía, apropió aquellas ideas y actuó con claridad de propósito.

En una ocasión, cuando leía el libro, la mente del señor Chase estableció contacto con la mente del autor, y aquél contacto apresuró su mente tan definitiva e intensamente que rápidamente inició una idea. La idea fue vender una póliza de un seguro de vida mayor a las que había vendido previamente. La venta de esa póliza llegó a ser su Propósito mayor definido en la vida y actuó en favor de ese propósito sin vacilación ni demora, y como resultado, el objetivo se logró en menos de una hora.

La persona que tiene claridad de propósito y que actúa motivado por ése propósito con las fuerzas espirituales de su propio ser, puede desafiar al hombre de indecisión que se detiene en la puerta, superarlo, y dirigirlo al éxito. No existe diferencia así esté vendiendo seguros de vida o palas para excavar fosos.

Una idea concretada, potente, cuando está fresca en la mente de uno, puede cambiar la bioquímica de la mente y dotarse de cualidades espirituales que no aceptan tal cosa como el fracaso o la derrota.

La mayor debilidad que muestran la mayoría de los hombres es que reconocen solamente los obstáculos que deben superar, sin aceptar la fuerza espiritual a su disposición a través de la cual aquellos obstáculos pueden superarse con fuerza de voluntad.

El camino hacia la maestría

Las riquezas -las verdaderas riquezas de la vida- se aumentan en la misma proporción del alcance y extensión del beneficio que estas ofrezcan a aquellos con quienes se comparten. Yo sé que esto es cierto porque yo he conseguido ser rico por medio de compartir.

Siempre que he actuado para favorecer a alguien, de forma alguna, he recibido retribución, sea de una manera o de otra, más de diez veces el beneficio con el que he ayudado a favor de otros.

Una de las grandes verdades que me han sido reveladas es que la manera más segura de solucionar los propios problemas, es encontrar a alguien con un problema mayor y entonces ayudárselo a resolver, empleando el principio de ir una milla adicional.

Ésta es una fórmula común, pero tiene encanto y magia y nunca deja de funcionar.

Pese a eso, usted no podrá beneficiarse de la fórmula por la simple declaración de mi testimonio. Usted deberá tomarla y usarla en sus propias circunstancias. De esa forma, no necesitará una prueba de su efectividad.

Se dará cuenta que su entorno está lleno de oportunidades para usted. Cuando ayude a otros a encontrar el camino, ¡usted también lo encontrará!

Usted puede comenzar organizando un club de compañeros, puede ser de entre sus vecinos o compañeros de trabajo, ofreciéndose como el líder o guía del grupo.

Así también aprenderá otra gran verdad, la cual consiste en que la mejor manera de apropiarse de los principios de la filosofía del logro individual es por medio de enseñarla a otros. Cuando una persona enseña algo, generalmente aprende mucho más acerca de lo cual enseña.

Usted por ahora es un estudiante de la filosofía, pero podrá ser un maestro de ella enseñándola a otros. Así su entendimiento será asegurado por adelantado.

Si usted trabaja para alguna compañía, allí existen muchas oportunidades de ayudar a otros a promover relaciones de paz y armonía. La sensatez jamás ha sido superada, sino que más bien, se ha probado eficaz en todos los aspectos de la vida.

El trabajo no necesita agitadores, necesita pacificadores. Precisa una filosofía sana para la guía de su cometido -una filosofía que favorezca tanto a patrones como a empleados. Los principios de esta filosofía se ajustan perfectamente con ese objetivo.

El líder que dirija a sus seguidores con esta filosofía tendrá la confianza de sus seguidores y con la cooperación completa de sus empleados. ¿No es esta una razón suficientemente buena para justificar la adopción de esta filosofía?

Una organización de trabajo llevada bajo los principios de esta filosofía reportará beneficios para con todos aquellos con quienes se utilice. Las fricciones serán sustituidas por la armonía en las relaciones interpersonales. Los agitadores y explotadores se eliminan automáticamente. Los fondos de la organización podrán utilizarse con fines educativos en favor de sus miembros en vez ser utilizados en intrigas políticas.

Y habrá mayores ganancias para distribución como salario –ganancias que la gerencia preferirá entregar a sus trabajadores en vez de encontrarse forzada a utilizar como defensa contra los esfuerzos destructivos de los agitadores.

Existe una necesidad de que haya un club de compañeros en cada empresa. En una empresa grande hay lugar para que existan muchos de estos clubes. La membrecía debería consistir tanto de empleados como de directivos, ya que así se da un terreno común de principios sobre todos pueden estar de acuerdo, y concordar aquí representa acuerdo en la silla de descanso así como acuerdo donde están las máquinas.

Hago énfasis en este tema en particular porque me ha dado cuenta de que el caos que hay en las empresas entre la gerencia y los trabajadores constituye el problema económico principal de esta nación.

Si usted no ha adoptado un Propósito más definido en la vida aquí hay una oportunidad para hacerlo. Usted puede empezar justo en este momento, ayudando a enseñar esta filosofía a aquellos que se hallan en necesidad de conocerla.

Ya ha llegado el tiempo en que no sólo es bueno para la persona ayudar a su prójimo a resolver sus problemas, sino que es imperativo hacerlo como medio de auto conservación.

Si la casa de su vecino se estuviera incendiando, usted seguramente se ofrecería como voluntario para ayudar a apagar el fuego, aún hasta si las relaciones no fueran de las mejores con él, ya que por sentido común usted sabría que al hacerlo estaría salvando su propia casa.

Al recomendar armonía entre la gerencia y los trabajadores no me refiero única-mente a los intereses de la gerencia, ya que si esta armonía no permanece, muy pronto no habrá ni gerencia ni trabajadores tal y como los conocemos hoy.

Por otro lado, el hombre que cuente con una filosofía sana de vida, se hallará rodeado de muchas oportunidades como no existían hace una década. La persona que intente salir adelante sin un Propósito mayor definido se verá con dificultades mucho más grandes de las que un hombre promedio puede manejar.

Las oportunidades más lucrativas del mundo actual y del mañana se presen-tarán a aquellas personas que se preparen para el liderazgo.

Y el liderazgo en cualquier ámbito requiere la base de una filosofía sana. Los tiempos del liderazgo "a la buena de Dios", se han marchado. Para hacer frente al mundo cambiante se precisan habilidad, técnica y entendimiento de los asuntos humanos.

Los jefes y supervisores de la industria deberán tomar nuevas responsabilidades en el futuro. Necesitarán no solo ser hábiles en la mecánica de su trabajo, lo que es imprescindible para la producción eficaz, sino que además necesitarán ser hábiles en la generación de armonía entre los trabajadores bajo su responsabilidad.

Los jóvenes de hoy serán los líderes de nuestra sociedad mañana.

¿Qué vamos a hacer respecto a ellos? Este es un dilema de gran magnitud, y la mayor parte de la responsabilidad para resolverlo, caerá sobre los profesores de las escuelas públicas.

Hago referencia a estos hechos para demostrar que el futuro, como nunca antes, traerá oportunidades de participar en servicio útil; oportunidades que provienen de las necesidades en un mundo tan cambiante que no todos logran reconocer el alcance y la naturaleza de las transformaciones que están ocurriendo.

Si usted se encuentra sin un Propósito mayor definido, haga un inventario de donde puede encajar en este mundo cambiante; este listo para las oportunidades que se le presenten y obtenga el mayor provecho.

Las metas, una decisión propia

Si yo tuviera el permiso de hacerlo, no dudaría en elegir para usted el Propósito mayor definido que encajara mejor con su preparación y necesidades. Pudiera crear para usted un plan sencillo por medio del cual usted pudiera alcanzar sus metas. Sin embargo, aunque no puedo hacer eso, puedo actuar a favor suyo de una forma más ventajosa y es por medio de enseñarle, cómo puede hacer eso usted mismo.

En algún momento, a lo largo de la vida, la idea de lo que usted está buscando le será revelada. Ésa ha sido la experiencia de la mayoría de los estudiantes de esta filosofía. Cuando la idea aparezca usted la reconocerá, porque vendrá con tanta fuerza que usted no podrá huir. En ése momento usted tendrá la seguridad de haber alcanzado su Propósito mayor definido, con tal de que, por supuesto, esté sinceramente buscando alcanzar ése objetivo.

Una de las características más sobresalientes de esta filosofía es que inspira nuevas ideas. Revela oportunidades de progreso que antes habían pasado desapercibidas, y lo inspira a uno a obrar en su propia iniciativa personal y a sacar el mayor beneficio de tales oportunidades.

Este rasgo de la filosofía no es simple casualidad. Fue diseñado para producir un efecto en particular, ya que como es incuestionable la oportunidad que una persona cree para sí misma, o una idea que se genere en su propio pensamiento, es más eficaz que cualquier idea que él pueda obtener de otras personas. Así, el mismísimo proceso a través del cual un hombre genera ideas útiles, lo lleva inevitablemente al descubrimiento de la fuente donde puede adquirir nuevas ideas en el momento que le sea necesario.

Ahora bien, a pesar de que resulta de gran beneficio tener acceso a la fuente de la cual se puede obtener la inspiración necesaria para producir ideas propias (la autoconfianza es un bien de inestimable valor), viene el tiempo en que se necesitará tener la cooperación de otras mentes. Y ese tiempo es seguro que venga para aquellos que aspiran a conseguir el liderazgo en las grandes ligas del logro personal.

Por eso, voy a señalarle los medios por los cuales usted puede alcanzar el logro personal a través de la consolidación de muchas mentes enfocadas en alcanzar propósitos definidos.

Fue por medio de este mismo método mediante el cual Andrew Carnegie incursionó en la era del acero y le dio a América una gran industria, aunque no tenía capital para empezar y una mínima educación académica.

Y fue por este mismo medio que Thomas A. Edison llegó a convertirse en el mayor inventor de todas las épocas, aún cuando no tenía conocimientos de física, matemáticas, química, electrónica u otras materias científicas que le eran fundamentales para realizar su obra como inventor.

Saber esto, puede serle muy útil, ya que la falta de preparación académica, la falta de capital o de pericia técnica, no son verdaderos obstáculos al momento de establecer la meta más grande de la vida, cualquiera que ésta sea. La filosofía suministra la manera a través la cual, cualquier persona de circunstancias promedio, puede conseguir cualquier meta que esté dentro de los límites de la razón.

Solamente lo que esta filosofía no puede hacer, es elegir esa meta por usted.

Pese a eso, una vez que usted haya establecido su propia meta, la filosofía puede dirigirlo inevitablemente a su cumplimiento.

Por otra parte, no resulta procedente decirle lo que puede desear, o cuánto éxito deba alcanzar, lo que sí es procedente es revelarle la fórmula a través de la cual se puede obtener el éxito.

Su mayor responsabilidad en este momento es averiguar qué es lo que quiere en la vida, hacia dónde se conduce y lo que hará cuando llegue allá. Esta es una responsabilidad que solamente usted debe asumir. Y es una responsabilidad que de cada cien personas noventa y ocho deciden nunca asumirla. Esa es la razón por la cual solo dos de cada cien personas pueden ser consideradas exitosas.

La fuerza del deseo intenso

El éxito se alcanza a través de lograr la Claridad de propósito. Este hecho pareciera ser sobre enfatizado en este libro. La verdad es que la tendencia común hacia la dilación, la cual influencia a noventa y ocho de cada cien personas, influye poderosamente en las personas y les impele a andar por la vida sin elegir un Propósito mayor definido.

La certeza de propósito resulta ser un bien de inmenso valor ya que muy pocos lo poseen.

Y es un bien del cual uno pudiera apoderarse en tan sólo un segundo.

Concentre su mente en lo que usted anhela en la vida, decida conseguirlo sin objeciones, y ¡felicitaciones! Usted habrá adquirido uno de los bienes más valiosos que una persona puede alcanzar.

Sin embargo, su deseo no tiene que ser un simple anhelo o esperanza.

Tendrá que ser un deseo intenso, el cual deberá ser tan definitivo e insistente, que usted esté en condiciones de pagar el precio que sea necesario para alcanzarlo. El precio puede ser alto o tal vez no, pero usted deberá prepararse para pagarlo, sin importar el precio que pueda implicar.

Cuando usted elija su Propósito mayor definido en la vida, usted verá algo muy específico que consiste en que los medios y las formas de alcanzar ese propósito le empezarán a ser inmediatamente reveladas a usted.

Se presentaran en su camino oportunidades que antes no había previsto.

Usted notará que otras personas lo empezarán a ayudar. Aparecerán nuevos amigos como por arte de magia. Sus miedos e incertidumbres empezarán a desaparecer y serán reemplazados por la autoconfianza.

Esto podrá parecer, a quienes no hayan iniciado el proceso, como una promesa increíble, pero no para el hombre que desecha la indecisión y elige una meta definida en la vida. Y hablo, no sólo de la experiencia de otras personas, sino de mi propia experiencia personal. Yo mismo me he transformado de ser un triste fracasado a un hombre exitoso, y por lo tanto, me he ganado el derecho a asegurarle los logros que puede obtener si usted sigue el camino señalado en el mapa de esta filosofía.

Cuando usted alcance el momento de inspiración de elegir su Propósito mayor definido, no se deprima si amigos o familiares cercanos lo llaman un "soñador."Acuérdese que los soñadores han sido los precursores del adelanto humano.

De modo que no deje que nadie lo desanime por soñar; más todavía, asegúrese de respaldar sus sueños con hechos basados en la firmeza de su propósito. Sus posibilidades de alcanzar el éxito son tan grandes como las han sido para aquellos que le han precedido. Y por otro lado sus posibilidades son mayores, ya que usted tiene en la actualidad el conocimiento de los principios del logro personal, el cual millones de hombres exitosos del pasado tuvieron que conseguir de la forma larga y difícil.

Sabía lo que quería

Lloyd Collier nació en una hacienda cerca de Whiteville, Carolina del norte, en el seno de una familia cuyas circunstancias económicas limitaron su posibilidad de tener una educación formal. Esto lo obligó a buscarse sus propios medios desde temprana edad.

Cuando era adolescente sufrió una enfermedad que le paralizó su cuerpo desde la cintura hacia abajo; situación que hubiera explicado verlo con una caja de lápices en una esquina de su ciudad.

Unos comerciantes de Whiteville consiguieron algunos fondos y lo enviaron a una escuela donde aprendió a arreglar relojes.

Al finalizar Lloyd montó un puesto al respaldo de una tienda minorista, y se inició a trabajar como relojero.

Pese de su aflicción, Lloyd jamás perdió su autoconfianza ni su disposición alegre, cualidades que pronto le hicieron tener muchos amigos y trabajo más que suficiente.

Después de un tiempo, Lloyd leyó el libro Piense y conviértase en rico y empezó a profundizar en su consejo.

El libro consiguió tener tal impacto en él que empezó a usar con ahínco la fórmula de Andrew Carnegie para alcanzar el éxito.

Lo primero que hizo fue escribir su Propósito mayor definido. Lo aprendió de memoria y lo repetía constantemente en día. Esto, con el tiempo, lo facultó para comprar la mejor joyería de Whiteville, también se casó con la mujer más bella de la ciudad, compró la mejor casa y educó a sus hijos en un hogar feliz.

Esto lo alcanzó un hombre que no podía utilizar sus piernas, que se inicio de la nada y sin ningún capital de base.

Pero lo consiguió. Alcanzó cada objetivo que se trazó en su Propósito mayor definido. Y más aún, lo realizó mientras todavía era lo suficientemente joven, teniendo por delante un largo camino para disfrutar de sus bendiciones.

Lloyd anda en su silla de ruedas y conduce un vehículo diseñado para discapacitados. Sale y entra sin la ayuda de nadie. Su joyería es atendida por empleados de confianza y su esposa está a cargo los libros de contabilidad. Si usted visitara su joyería, Lloyd lo saludaría desde su silla de ruedas con entusiasmo al momento de entrar. Y usted tendría la sensación de estar en la presencia de alguien cuya limitación física no es ninguna discapacidad.

Lloyd Collier ha tomado el hábito que muchos hombres con menos limitaciones físicas bien pudieran copiar. Todos los días realiza una oración de gratitud por las bendiciones que disfruta a pesar de su situación física, y vive cada día relacionándose con las personas sin buscar ningún tipo de compasión. Más bien, busca oportunidades de compartir algunas de sus bendiciones con aquellos que lo necesitan, sabiendo que sólo a través de compartir aquellas bendiciones puede enriquecer y multiplicar sus propias bendiciones.

En Lloyd Collier vemos la gran diferencia entre un hombre en la esquina de una calle, con una caja de lápices, y un hombre que alcanzó la independencia económica y tiene paz mental. La diferencia principal consiste en la actitud mental. Lloyd descubrió la AMP (actitud mental positiva) y con ésta encontró todo lo que buscaba.

Cuando usted comience a sentir compasión por usted mismo, o permita que la AMN (actitud mental negativa) lo deprima, viaje a Whiteville, Carolina del norte, visite a Lloyd Collier y volverá emitiendo por todos los poros AMP Las personas sabias comparten sus riquezas con generosidad.

Hablan de sus metas moderadamente y tienen cuidado de no publicarlas indebidamente. Cuando hablan de sus aspiraciones y proyectos habitualmente lo hacen por acción más que por palabras.

Las personas sabias son prestos en cuanto a escuchar, pero hablan con moderación, porque saben que se aprenden cosas de valor escuchando y no se aprende nada cuando se está hablando.

Siempre existe un tiempo apropiado para hablar y uno apropiado para estar en silencio. Las personas sabias, cuando dudan si deben hablar o permanecer en silencio, se dan el beneficio de la duda y se mantienen en silencio.

Intercambiar pensamientos, por medio del habla sincera, es uno de los medios más efectivos para obtener conocimiento y crear planes para el logro del

Propósito mayor definido. Las discusiones de "mesa redonda" constituyen un aspecto sobresaliente entre los hombres que hacen parte de las grandes ligas del logro. Claro, esto es muy distinto a las discusiones insubstanciales en las que algunos participan, abriendo sus mentes, permitiendo que otros tengan acceso indiscrimi nadamente.

Ahora les voy a revelar un método seguro a través del cual usted podrá intercambiar pensamientos con otras personas con una probabilidad razonable de que usted conseguirá tanto como usted da, o aún más. Con este método, usted no solo podrá hablar libremente de sus más atesorados planes, sino que le resultará productivo hacerlo.

Voy a señalarle una intersección importante, por medio de la cual usted podrá ingresar a la vía principal, en su ruta hacia el éxito.

La ruta estará demarcada evidentemente de manera que usted no la pase por alto.

La intersección de la cual estoy hablando es un punto en el cual los hombres que se encuentran en las grandes ligas del logro, marcan la diferencia con algunos de sus antiguos asociados y se unen a la compañía de aquellos que están listos para dirigirlos en su viaje para alcanzar las riquezas de las que hemos hablado.

Capítulo cuatro
EL HÁBITO DE IR UNA MILLA EXTRA

Uno de los principios de mayor importancia para el éxito en todos los aspectos de la vida y en todas las ocupaciones es la disposición de ir una milla extra; lo que se traduce en efectuar un servicio mejor y más abundante, con una actitud mental positiva.

Busque una razón equilibrada en desfavor de este principio y no encontrará ninguna; tampoco encontrará un sólo ejemplo de éxito duradero que se haya logrado sin la aplicación de al menos parte de este principio.

El principio no es de invención humana. Es parte de la obra de la Naturaleza, ya que todo ser viviente bajo la supervisión del hombre está obligado a utilizar el principio a fin de asegurar su supervivencia.

El hombre puede desatender el principio si así lo desea; sin embargo, no puede hacerlo esperando al mismo tiempo regocijarse de los frutos del éxito duradero.

Tome en consideración cómo la naturaleza aplica el principio en la producción del alimento que crece en los campos. Allí el labrador se ve forzado a ir una milla extra a través de limpiar la tierra, ararla, plantar la semilla en el momento apropiado del año, cosas por las cuales no recibe ningún pago de antemano.

Fíjese que si él hace su trabajo en armonía con las leyes de la naturaleza y efectúa la cantidad de trabajo necesario, la naturaleza completa, la labor del labrador, germina la semilla y produce una cosecha de alimentos.

También, vea cuidadosamente, este hecho significativo: por cada grano que él planta en el suelo, la Naturaleza le multiplica quizás a cientos de granos, dándole así los beneficios de la ley de la recompensa creciente.

La Naturaleza va una milla más allá produciendo bastante de lo que se precisa, junto con un sobrante para emergencias y desperdicios. Piense por ejemplo en los frutos de los árboles, las ranas de la laguna, los peces del mar.

La Naturaleza va una milla más allá produciendo lo necesario para cada ser vivo asegurando la perpetuación de las especies y permitiendo un margen para emergencias de toda clase. Si esto no fuera de esta manera, las especies se extinguirían.

Hay personas que piensan que los animales salvajes y los pájaros vuelan por los aires y viven sin trabajar. Sin embargo, las personas observadoras saben que esto no es verdadero. Lo cierto es que la Naturaleza provee las fuentes de alimento para todos los seres vivos, pese a eso, cada criatura tiene que trabajar a fin de tener su participación en ése alimento.

De manera que la Naturaleza misma desestima el hábito que muchos han tomado de tratar de obtener las cosas a cambio de nada.

Las ventajas del hábito de ir una milla extra son evidentes y entendibles. Inspeccionemos algunas de estas y convenzámonos de ello:

El hábito le trae al individuo la atención favorable de aquellos que pueden y entregan oportunidades para el progreso personal.

Tiende a provocar que uno se haga indispensable en varios ámbitos de las relaciones humanas, lo que le facilita a pedir una mejor compensación por sus servicios personales.

Lleva al crecimiento intelectual y a la perfección en la actividad física en las diferentes manifestaciones del esfuerzo, aumentando así, sus posibilidades de remuneración.

Lo resguarda a uno de la pérdida del empleo, cuando éste escasea y lo pone a uno en posición de elegir su empleo.

Le permite a uno beneficiarse de la ley del contraste, ya que la gran parte de las personas no practican el hábito.

Lleva al desarrollo de una actitud mental positiva y agradable, la cual es esencial para conseguir el éxito duradero.

Lleva a desarrollar una imaginación aguda y despierta ya que es un hábito que lo inspira a uno para buscar constantemente nuevas y mejores maneras de rendir servicio.

Desarrolla la elemental cualidad de la iniciativa personal. Permite desarrollar valor y confianza.

Ayuda a edificar la confianza de otros en la integridad de uno.

Ayuda a someter el destructivo hábito de la dilación.

Desarrolla claridad de propósito, protegiéndolo de ir sin metas por la vida.

De más y obtenga más

Existe una razón aún más importante para cultivar el hábito de ir una milla extra. Le da a uno un motivo lógico para pedir una compensación aumentada.

Si un hombre hace el servicio por el cual se le paga, entonces consecuentemente recibirá el pago que se acordó.

Para poder conservar su empleo y continuar recibiendo su sueldo, el hombre tendrá que continuar realizando el mismo servicio, a pesar de que su retribución no sea necesariamente buena.

Sin embargo, aquel hombre siempre tendrá el privilegio de añadir un servicio adicional y al hacerlo, estará acumulando una reserva de crédito de buena voluntad, lo cual le dará la posibilidad de cobrar mejor por sus servicios u obtener un ascenso en su lugar de empleo o ambas cosas.

Cualquier puesto que se ocupe mediante el cual se reciba un salario le da a uno la oportunidad de progresar a través de la aplicación de este principio y resulta interesante considerar que el sistema de vida americano de la libre empresa funciona sobre la base de dar a cada empleado el incentivo apropiado para aplicar el principio.

Cualquier práctica o filosofía que lo restrinja a uno de disfrutar del privilegio de ir una milla extra es errónea y está condenada al fracaso. Y es evidente que éste es un principio de trampolín por medio del cual cada uno puede recibir compensación por demostrar habilidad excepcional, experiencia y educación. Y es el principio que proporciona la fuerza de la autodeterminación, sin importar la profesión o la ocupación que uno tenga.

En América, cualquier persona puede ganar su sustento sin la necesidad de aplicar el hábito de ir una milla extra. Y muchos hacen simplemente eso. Sin embargo, la seguridad económica y los lujos disponibles bajo el gran sistema de vida americano están disponibles solamente a aquellos que toman este principio como parte de su filosofía de vida y lo aplican sobre la base de una rutina diaria.

Cualquier regla de la lógica y del sentido común lo conduce a uno a aceptar esto como una verdad. De hecho hasta un simple análisis superficial de la vida de los hombres en las altas esferas del éxito siempre demostrará que esto es correcto.

Los líderes del sistema americano son categóricos en requerir que a todo trabajador se le proteja su derecho de adoptar y usar el principio de ir una milla extra, ya que reconocen, gracias a su propia experiencia, que el liderazgo futuro de la industria depende de las personas que están dispuestos a perseguir con este principio.

Es un hecho bien conocido que Andrew Carnegie desarrolló a más líderes exitosos de la industria que cualquier otro empresario americano. La mayoría de ellos venían de trabajadores de clase corriente, y muchos de ellos, bajo la guía del señor Carnegie, acumularon fortunas personales de inmensas proporciones.

La primera prueba que el señor Carnegie empleaba a cualquier trabajador que anhelaba ser promovido era la de determinar hasta qué grado estaba dispuesto el trabajador a ir una milla extra.

Y aplicar esta prueba fue lo que lo llevó a descubrir a Charles M. Schwab. Cuando el señor Schwab llamó la atención del señor Carnegie por primera vez, trabajaba como obrero en una de sus plantas de acero. La observación atenta demostró que el señor Schwab continuamente efectuaba más y mejor servicio del que se esperaba. Y también lo realizaba con una actitud mental agradable lo que lo hizo muy popular entre los trabajadores.

Fue subido de un puesto a otro hasta que al final fue elegido presidente de la gran Corporación del acero de los Estados Unidos, con un sueldo de $75,000 dólares al año.

No existía posibilidades de que el señor Charles M. Schwab, trabajando como obrero, ganara un sueldo como el que logró, ni siquiera en toda su vida. Y él no consiguió esto por tramar alguna treta o por intentar obtener algo a cambio de nada. Aquello fue posible porque tomó el hábito de ir una milla extra.

En algunas ocasiones el señor Carnegie no sólo pagó el sueldo del señor Schwab, el cual era muy generoso, sino que le proporcionó bonos de hasta $1.000.000 además de su salario normal.

Cuando se le preguntó al señor Carnegie porqué le daba al señor Schwab un bono superior que el de su salario, respondió con unas palabras sorprendentes que cada trabajador, sin importar su trabajo o salario, bien haría en reflexionar. "Le di su salario por el trabajo que realmente hizo y su bono por ir una milla extra, poniendo así un muy buen ejemplo para sus compañeros."

Piense en ello, un salario de $75,000 al año, pagado a una persona que inició como obrero por días, y un bono superior por de 10 veces esa cifra por demostrar una buena disposición expresada por la solicitud de hacer más de lo que se esperaba de él.

Evidentemente conviene ir una milla más allá, y extraña vez se le pide a alguien que rinda un servicio mayor que el que se espere que haga y por el cual se le paga. Por lo eso, si se sigue el hábito, debe ser adoptado por la propia iniciativa personal.

Sin embargo, la constitución de los Estados Unidos garantiza a todo ciudadano este privilegio, y el sistema de vida americano otorga recompensas y bonos a todos aquellos que siguen el principio, y hace posible que un hombre que tome el hábito reciba la compensación apropiada.

La compensación puede manifestarse de diferentes maneras. El aumento en el pago puede ser una de esas formas. Las promociones no se hacen esperar. También se derivan de ello condiciones favorables de trabajo y relaciones humanas agradables. Y todo ello lleva a la seguridad económica la cual, como se ha demostrado, puede obtenerse por méritos propios.

Hay todavía otro beneficio que se puede alcanzar siguiendo el hábito de ir una milla extra: lo mantiene a uno en buenas relaciones con su propia conciencia y es un estimulante para el alma.

Por eso, constituye un constructor del buen carácter, lo que es único en el ámbito humano.

Si usted tiene hijos en formación para la vida adulta, bien puede tener esto en mente por el beneficio de ellos. Enséñeles el beneficio de rendir más y mejor servicio del que se acostumbre. Tenga por certeza que estará haciendo una gran contribución a la formación del carácter de su hijo, lo cual le será de gran utilidad durante toda su vida.

La filosofía de Andrew Carnegie es fundamentalmente una filosofía que emplea a asuntos económicos. Pero es mucho más que ello. Es una filosofía de ética en las relaciones humanas. Lleva a la armonía, al entendimiento y a la simpatía con el débil y desafortunado. Le enseña a uno a convertirse en el auxiliador de su hermano, y al mismo tiempo lo recompensa a uno por asumir ese papel.

El hábito de ir una milla extra es sólo uno de los diecisiete principios de la filosofía recomendada a las personas que buscan riquezas. Pese a eso, consideremos ahora cómo está relacionado directamente con las Doce riquezas.

En primer lugar, el hábito está inseparablemente atado al desarrollo de la más importante de todas las riquezas, la Actitud mental positiva. Cuando una persona llega a ser amo de sus propias emociones, aprende el bendecido arte de la expresión de sí mismo mediante del servicio útil para con los demás y llega muy lejos en el desarrollo de una actitud mental positiva.

La actitud mental positiva es el precursor del patrón correcto del pensamiento, y las demás de las Doce riquezas se adaptan a ese patrón de manera natural como la noche sigue al día.

Reconozca esta verdad y comprenderá porqué seguir el hábito de ir una milla más allá suministra beneficios mucho más grandes que la acumulación de las riquezas materiales. También entenderá porqué a este principio se le ha ubicado en la primera parte de la filosofía del logro individual.'

Un hombre demasiado bueno para perder

Ahora veamos cómo la recomendación de rendir más y mejor servicio que por el cual se le paga es paradójica, ya que es imposible rendir servicio extra sin recibir la compensación adecuada. La compensación puede venir de diferentes fuentes, algunas de las cuales pueden parecer raras e inesperadas. Pese a eso, tenga la seguridad de que vendrá.

Ralph Waldo Emerson tuvo en mente esta verdad cuando mencionó (en su ensayo sobre la Compensación), "Si usted sirve a un amo ingrato, entréguele un mejor servicio. Ponga a Dios en deuda con usted. Cada golpe será reparado. Mientras más tarde reciba su pago, mejor será para usted: porque interés sobre interés es la tasa de pago de este deudor."

Hablando un poco más de lo que parece paradójico, recuerde que el tiempo más rentable que una persona consagra a su trabajo, es aquel por el cual no recibe una compensación enseguida. Esto es verdad porque hay dos formas de compensación posibles. Una es el salario que se recibe. La otra es la habilidad que se aprende de las experiencias; una forma de compensación que con frecuencia excede a la retribución monetaria, ya que la habilidad y la experiencia son los haberes de mayor importancia de un trabajador mediante los cuales él puede solicitar un mejor pago y un mejor puesto de trabajo.

La actitud de una persona que tiene el hábito de ir una milla extra es esta: Reconoce el hecho de que está recibiendo un pago al enseñarse a sí mismo para así conseguir una mejor posición y un mejor pago en el futuro.

Este es un bien del cual el trabajador no puede ser despojado, sin dar importancia de cuán egoísta o envidioso sea su patrón, es el "interés sobre interés" que Emerson mencionó.

Fue este el mismísimo bien que permitió a Charles Schwab, subir, paso a paso, desde sus humildes inicios como empleado por días, a la posición más elevada que su empleador tenía para ofrecer, y fue éste el bien el que le trajo al señor Schwab un bono mayor de diez veces la cantidad de su salario.

El bono del millón de dólares que recibió el señor Schwab fue su premio por haber contribuido con sus mejores esfuerzos en cada trabajo que se le asignó - circunstancia, que él controló a su entera disposición. Circunstancia que nunca hubiera sucedido si no hubiera seguido el hábito de ir una milla extra.

El señor Carnegie tuvo un mínimo control sobre la situación, si acaso alguno. El asunto se le salía de las manos Seamos generosos y asumamos que el señor Carnegie pagó el bono porque sabía que el señor Schwab había ganado el pago adicional que no se le había prometido. Pero realidad es que el pagó el bono porque no quería perder a una persona tan valiosa.

Vemos aquí que el hombre que sigue el hábito de ir una milla más allá ubica al comprador de sus servicios bajo una doble obligación de dar la justa compensación; la primera basada en su sentido de equidad, y la segunda basada en su sentido de miedo perder a una persona tan valiosa.

De esta forma llegamos a la conclusión de que no importa desde qué punto lo veamos, siempre concluimos lo mismo. Seguir el hábito de ir una milla más allá reporta intereses sobre intereses a todos aquellos que lo siguen.

También entendemos lo que el gran empresario pensaba cuando dijo: "Personalmente no tengo interés en una ley de un mínimo de cuarenta horas a la semana, más bien estoy interesado en encontrar cómo puedo converger cuarenta horas en un solo día."

El hombre que hizo esta declaración tiene una abundancia de las Doce riquezas y él admite sinceramente que consiguió alcanzarlas por medio de trabajar desde una posición humilde empleando el principio de ir una milla extra paso a paso a lo largo del camino.

Este fue la misma persona que dijo, "Si se me obligara reducir mis posibilidades de éxito a uno de los diecisiete principios del logro, sin vacilación elegiría el principio de ir una milla más allá."

Afortunadamente, pese a eso, a él no se le obligó a tomar esta decisión, debido que los diecisiete principios del logro individual están relacionados entre sí como los eslabones de una cadena. Estos armonizan formando una amalgama de gran fortaleza por medio de la coordinación de su uso. La omisión de alguno de estos debilitaría la fuerza, así como la remoción de un eslabón debilitaría la cadena entera.

La eficacia de los diecisiete principios consiste no en los principios en sí, sino en ¡cómo se utilizan! Cuando se aplican estos principios, cambia la "química" de nuestra mente de tener una actitud negativa a una positiva. Es la actitud mental positiva la que atrae al éxito llevándolo a uno a obtener las Doce riquezas.

Cada uno de estos principios representa, a través de su uso, a una cualidad definida y positiva de la mente, y cada situación en la que se necesita el uso del poder del pensamiento exige el uso de la combinación de algunos de estos principios.

Los diecisiete principios pueden parecerse a las veintisiete letras del alfabeto a por medio de sus combinaciones se pueden expresar todo pensamiento humano. Las letras individuales del alfabeto transmiten poco o ningún significado, sin embargo, cuando éstas se combinan en palabras, se pueden expresar hasta los pensamientos más hermosos que se puedan concebir.

Los diecisiete principios son el "alfabeto" del logro individual mediante el cual se pueden expresar todos los talentos de la manera más sublime y beneficiosa. Suministran los medios efectivos para conseguir la Llave maestra de la riqueza.

Capítulo cinco
EL AMOR, EL VERDADERO EMANCIPADOR DE LA HUMANIDAD

El amor es lo más hermoso que puede experimentar la persona. El amor lo pone a uno en contacto directo con la Inteligencia infinita.

Cuando va en conjunto con las emociones del romance y el sexo lo conducen a uno a las cimas más altas del logro individual a través de la visión creadora.

Las emociones del amor, el romance y el sexo son las tres caras del triángulo eterno del logro conocido como genialidad. La Naturaleza crea la genialidad a través de estos medios.

El amor es la expresión exterior de la naturaleza espiritual del hombre.

El sexo es solamente biológico, sin embargo suministra las fuentes de acción de todo esfuerzo creativo, desde la creación más pequeña que hay, hasta la más profunda de todas las criaturas, el ser humano.

En el momento que el amor y el sexo se combinan con el espíritu del romance, el mundo bien se puede regocijar, ya que estos son los potenciales de los líderes que se convierten en los pensadores de mayor importancia del mundo.

El amor hace que toda la humanidad se asemeje.

Se descompone del egoísmo, la envidia, y los celos, convierte a los más humildes en reyes nobles. Donde se encuentre el amor presente también se encontrará la verdadera grandeza.

El amor verdadero del cual me estoy refiriendo no debe ser confundido con las emociones del sexo, porque el amor en su más elevada y pura expresión es una combinación del triángulo eterno, y sin embargo, es mucho mayor a cualquiera de sus tres componentes.

El amor del cual hablo es el "factor vital" -la fuente de la acción- de todos los esfuerzos creativos que han llevado a la humanidad a su situación actual de refinamiento y cultura.

Es el factor que dibuja una clara línea de diferencia entre los hombres y las demás creaciones en la tierra bajo su dominio. Es el factor que determina en cada hombre la cantidad de espacio que usa en el corazón de su prójimo.

El amor es el fundamento sólido sobre el cual debe construirse la primera de las Doce riquezas, a saber, la actitud mental positiva, y lo certero es que ningún hombre puede ser realmente rico sin él.

El amor es la base fundamental de las restantes once riquezas; las adorna y les entrega la cualidad de la perseverancia. Cuando alguien obtiene riquezas sin la cualidad del amor esto llega a ser evidente ante los ojos de quienes observan.

La costumbre de ir una milla extra conduce al desarrollo del espíritu del amor, ya que no existe más grande expresión de amor que la manifestación de servicio que se rinde con altruismo para el beneficio de otros.

Emerson tenía en mente esa clase de amor, él dijo: "Quienes son capaces de manifestar humildad, justicia, amor, y aspiración, se encuentran en capacidad de dominar las ciencias y las artes, el don de la palabra y el don de la poesía, la acción y la gracia...

Los magnánimos saben bien que los que proporcionan tiempo, dinero o refugio al extraño -haciéndolo por amor y no por ostentación- es como si pusieran a Dios bajo obligación con ellos; recibirán una compensación perfecta. Porque de alguna forma el tiempo que parecen perder, es redimido, y las aflicciones que ellos calman, con el tiempo consiguen retribución. Aquellos hombres alimentan la llama del amor humano y levantan el estandarte de la virtud cívica entre la humanidad."

Los grandes pensadores de todos los tiempos han reconocido al amor como al elixir eterno que cura las heridas del corazón y actúa como conexión entre los hombres. Una de las mentes más brillantes que esta nación ha producido expresó su concepción sobre el amor de una manera que debería mantenerse permanentemente. Dijo:

"El amor es el arco iris de la vida."

"Es la estrella de la mañana y de la tarde."

"Resplandece sobre el bebé, vierte su irradiante luminaria sobre la tumba."

"El amor es el creador del arte, el inspirador del poeta, es un patriota y un filósofo."

"El amor es el aire y la luz de los corazones -el modelo de cada hogar, el mechero del fuego de cada corazón."

"El amor fue el primero en soñar con la inmortalidad."

"El amor colma al mundo de melodías -porque la música es la voz del amor."

"El amor es la magia, es el encanto que convierte las cosas sin ningún valor en motivos de gozo, y transforma en reinas y reyes nobles a los humildes."

"El amor es el aroma de aquella flor, es la pasión, el éxtasis divino sin el cual no somos más que seres irracionales; pero cuando el amor está presente la tierra se convierte en cielo y nosotros en dioses."

"El amor es la transfiguración. Ennoblece, purifica y glorifica. El amor es la revelación, la creación. El mundo toma su belleza prestándola del amor. Del amor también toma los cielos su gloria. Los hijos del amor son la justicia, la abnegación, la caridad y la piedad... Sin el amor toda gloria se desvanece, la nobleza se empobrece, el arte fallese, y la virtud deja de existir."

¡La grandeza de un hombre se calcula por su amor a la humanidad!

El hombre de grandeza amará a los buenos y a los malos de entre los hombres. A los buenos los amará con orgullo, admiración y gozo. A los malos los amará con piedad y compasión. La persona de grandeza sabe que ambos tipos de cualidades, tanto buenas y malas, frecuentemente son el resultado de circunstancias de las cuales las personas, por desconocerlo, tienen un mínimo control.

Si un hombre es realmente grande, lo demostrará por medio de la compasión, la simpatía y la tolerancia. Cuando le corresponda expresar juicio respecto a otros, templará la justicia con la misericordia, poniéndose siempre del lado de los débiles, los inocentes y los pobres.

De esa forma no sólo caminará la milla extra con verdadero espíritu de fraternidad, sino que lo hará con disposición y alegría.

Y si una segunda milla no es bastante, irá la tercera y la cuarta y cuantas más sea necesario recorrer.

Algunos de los que se han beneficiado de ir una milla extra

Las personas jamás hacen algo de manera voluntaria sin antes tener un motivo para hacerlo. Veamos si podemos revelar un motivo sano que justifique el hábito de ir una milla extra observando lo que ha sucedido con algunos que han sido inspirados por este principio.

Hace muchos años una señora mayor iba caminando lentamente por un una tienda por departamentos en Pittsburg. Paseaba de mostrador en mostrador y parecía como si nadie la viera. Los vendedores la consideraron como alguien que quería ver las vitrinas sin deseo de comprar. Miraban hacia otro lado cuando se detenía en sus vitrinas.

Pero este descuido le salió muy caro a quienes la ignoraron.

Al final, la señora se acercó a un mostrador que atendía un joven quien la saludó cortésmente y le preguntó si precisaba ayuda.

Ella contestó: "No, solo estoy esperando que pare la lluvia para poder irme a casa."

El joven le contestó con una sonrisa: "Muy bien. ¿Desea que le traiga una silla para que descanse?" El joven enseguida le trajo la silla sin esperar a recibir respuesta. Cuando termino de llover, el joven ayudó a levantar a la señora de la silla, la apoyó en su brazo y la acompañó hasta afuera y la despidió atentamente. Al salir, la mujer le pidió su tarjeta.

Algunos meses después el dueño de la tienda donde trabajaba el joven recibió una carta, donde se solicitaba que el joven fuera enviado a Escocia para tomar un pedido de unos muebles para una casa. El dueño de la tienda respondió que lo sentía mucho ya que el joven no trabajaba en la sección de muebles de la tienda. Pese a eso, el hombre explicó que estaría muy complacido en enviar a una persona experimentada para hacer el trabajo.

Luego, el dueño del almacén recibió otra carta diciendo que nadie haría ese trabajo sino el joven al que se requería. La carta iba firmada por Andrew Carnegie, y la "casa" que quería amoblar era el Castillo Skibo en Escocia. La señora de mayor edad era la madre del señor Carnegie. De modo que el joven fue enviado a Escocia y recibió un pedido por varios cientos de miles de dólares. Al tiempo, el joven se hizo socio de la tienda y llegó a tener la mitad de las acciones de esta.

¡La verdad es que vale la pena ir una milla más allá!

Hace varios años también, el editor de la revista The Golden Rule fue invitado a decir un discurso en la escuela Palmer en Davenport, Iowa. El hombre aceptó la invitación por la tarifa fija de $100 dólares más los gastos de viaje.

Durante su estadía en la escuela el editor consiguió material que le serviría de utilidad para desarrollar varios artículos de la revista.

Al finalizar su discurso y estaba listo para regresar a Chicago, se le dijo que al regresar le reembolsarían los gastos del viaje.

El hombre negó tomar el dinero tanto por su discurso como por sus gastos y explicó que ya había sido ampliamente recompensado por los materiales que había conseguido para su revista. Tomó el tren de retorno a Chicago sintiéndose plenamente retribuido por su viaje.

La semana siguiente aquel editor comenzó a recibir muchas solicitudes de suscripción a la revista provenientes de Davenport.

Al término de la semana había recibido $6.000 dólares en efectivo por las suscripciones. También vino una carta del Doctor Palmer en la cual explicaba que las subscripciones eran de sus estudiantes, a quienes se les habló del rechazo del editor de aceptar el dinero que se le había prometido y el cual había ganado.

Durante los siguientes dos años los estudiantes y los graduados de la escuela Palmer registraron más de $50.000 dólares en suscripciones a la revista The Golden Rule. La historia fue tan sorprendente que se publicó en una revista de amplia circulación en el mundo de habla inglesa, lo cual a su vez llevó a que se consiguieran más suscripciones en otras ciudades y en otros países.

Así, con solo $100 dólares de servicio sin paga, el editor empezó una ley de compensación creciente, la cual obró en su favor, produciéndole un retorno de más de 500 veces su inversión. Por eso, el hábito de ir una milla extra no es un sueño inalcanzable.

¡Trae recompensas con intereses!

Recompensas que jamás se olvidan. Como con cualquier otro tipo de inversión cuando se cultiva el hábito de ir una milla extra, se generan dividendos que frecuentemente producen dividendos durante el resto de la vida.

Ahora consideremos lo que sucede cuando uno descuida una oportunidad de ir una milla extra. En una tarde de lluvia un "vendedor" de automóviles estaba sentado en su escritorio en una sala de ventas de Nueva York, donde se vendían automóviles muy caros. La puerta se abrió e ingresó un hombre despreocupado balanceando su bastón.

El "vendedor" levantó la vista de su periódico, dio un vistazo al visitante, y enseguida lo catalogó como uno más de los mira ventanas de Broadway, que solo hacen perder tiempo. Siguió con su periódico y ni siquiera se tomó la molestia de levantarse de la silla.

El hombre del bastón caminó por el salón observando cada automóvil. Al terminar se acercó a donde estaba el "vendedor", se apoyó en su bastón y le preguntó el precio de tres automóviles. Sin levantar la vista del periódico el "vendedor" señaló los precios y siguió con su lectura.

El hombre del bastón regresó donde se encontraban los tres automóviles, dio unos golpes a las ruedas de los autos que había estado mirando, volvió donde estaba el "ocupado vendedor" y dijo: "La verdad es que estoy indeciso, no sé si deba comprar el que está aquí o el que está allá o el del otro lado, o si deba comprar los tres."

El vendedor reaccionó con una sonrisa sabelotodo, como si dijera, "Tal como lo imaginé."

Entonces el hombre del bastón dijo, "Bueno, supongo que compraré uno de estos. Mándeme ese de las ruedas amarillas a mi casa mañana. Y a propósito, ¿cuál era su valor?"

Escribió el cheque, lo desprendió de su chequera, lo entregó al "vendedor", y se fue. En el momento que el "vendedor" vio el nombre de quién firmaba el cheque, su rostro cambió de colores y casi se desmaya de un ataque. El hombre que firmó el cheque era Harry Payne Whitney, y ahí el "vendedor" se dio cuenta de que si tan solo se hubiera tomado el tiempo para levantarse de su silla hubiera vendido los tres automóviles con el mínimo esfuerzo.

Abstenerse de entregar un buen servicio, por pequeño que parezca, puede resultar ser un asunto costoso -algo que muchos lo han aprendido tarde.

Las bendiciones que resultan de demostrar iniciativa personal no las merecen quienes manifiestan indiferencia o flojera. Muchos pertenecen a este grupo de personas sin siquiera darse cuenta del motivo por la cual nunca llegan a alcanzar riqueza alguna.

Fue como hace unos cuarenta años que un joven vendedor de una ferretería vio que había algunos sobrantes que habían pasado de moda, y por eso no se habían vendido. Disponiendo de su tiempo, alistó una mesada especial en medio del negocio, colocó allí la mercancía y la etiquetó con un precio de oferta de 10 centavos por artículo. Para su sorpresa y la del dueño del local, las cosas se vendieron como pan caliente.

De aquel incidente surgió el sistema que adoptó lo que más tarde se conoció como la cadena de tiendas Cinco y diez centavos de E W. Woolworth.

El hombre que tropezó con la idea y fue una milla adicional fue Frank W. Woolworth. Su idea repercutió en una fortuna estimada de más de $50.000.000 de dólares. Más aún, la misma idea hizo ricas a un buen número de personas, y las diversas aplicaciones prácticas de esa idea han sido la base de la mayoría de los sistemas de mercadeo más rentables de América.

No fue necesario que alguien le dijera al joven Woolworth que debía ejercer su propia iniciativa. Nadie le pagó por hacerlo; sin embargo, su acción lo condujo a que obtuviera crecientes recompensas por su esfuerzo. Una vez llevó su idea a la práctica, las recompensas empezaron a multiplicarse.

Hay algo muy relevante relacionado con el hábito de hacer más de lo que se espera de uno, lo cual actúa en beneficio propio aún hasta cuando uno se encuentra dormido; y es que una vez empieza a funcionar, comienza a acumular riquezas tan rápido que parece algo mágico, como si fuera la lámpara de Aladino, le atrae a uno un ejército de genios llenos de maletas de oro.

Hace unos treinta años el vagón privado del señor Charles M. Schwab estaba parado en el la sección de anclaje del ferrocarril de la planta de acero en Pensilvania. Era una mañana fría y helada.

Cuando el señor Schwab se disponía a dejar el vagón fue abordado por un hombre con un estenógrafo en sus manos quien le explicó que realizaba trabajos de estenografía en la oficina principal de la compañía y que había venido para ver si él precisaba que se hicieran algunas cartas o que se enviara algún telegrama.

"¿Quién te dijo que vinieras a verme?", preguntó el señor Schwab. "Nadie, señor." Contestó el joven. "Vi el telegrama que avisaba su visita, así que vine para ver si necesita de algún servicio".

Piense en eso. El joven había venido esperando encontrar hacer algo de lo cual no recibiría ninguna paga. Y vino por su propia voluntad sin que nadie se lo solicitara.

El señor Schwab le agradeció cortésmente por su amabilidad, pero dijo que en el momento no necesitaba de un estenógrafo. Luego de apuntar cuidadosamente el nombre del joven, envió al muchacho de vuelta a su trabajo.

Esa misma noche, cuando el vagón del señor Schwab fue enganchado al tren de regreso a Nueva York, llevaba al joven estenógrafo. El joven había sido asignado por solicitud del señor Schwab, a trabajar como asistente de uno de los importantes del acero.

El apellido del muchacho era Williams. Este hombre siguió al servicio del señor Schwab durante varios años, durante los cuales, constantemente recibió oportunidades de ascenso no solicitadas.

Resulta muy propio pensar en cómo se dan las oportunidades para identificar a las personas que tienen la predisposición de ir una milla más allá. Con el tiempo, se le dio una oportunidad al joven Williams, oportunidad que no dejó escapar. Se le nombró como presidente de un grupo de accionistas en una de las industrias farmacéuticas de los Estados Unidos -un trabajo que le reportó una fortuna que superaba con creces todas sus necesidades.

Este suceso es una evidencia clara de lo que puede suceder y de lo que ya ha estado ocurriendo, por medio de los años, bajo el sistema americano de vida.

El hábito de ir una milla adicional es uno que no limita sus recompensas sólo para aquellos que trabajan como asalariados. Funciona de la igual forma tanto para empleado como para empleador. El caso de un comerciante a quien conocí años atrás, muestra muy bien este punto.

Su nombre era Arthur Nash y su negocio era elaborar ropa. Hace varios años su empresa estaba pasando por muchas crisis. Condiciones que parecían estar fuera de su alcance lo pusieron al borde de la bancarrota.

Uno de los problemas más grandes era que los empleados del señor Nash se habían asimilado del espíritu derrotista de su jefe; lo cual se reflejaba en su trabajo lento y su actitud contrariada.

La situación cada vez estaba peor. Había que realizar algo y rápido si se quería mantener el negocio.

En un momento de desesperación el señor Nash juntó a sus empleados y les comunicó la situación real de la empresa.

Sin embargo, en el momento que les hablaba se le ocurrió una idea. Les dijo que había estado leyendo una historia en la revista The Golden Rule, la cual contaba cómo su editor había ido una milla extra rindiendo servicio por el cual negó a aceptar pago, sólo para ser recompensado con más de $6,000 dólares en suscripciones a la revista.

El señor Nash comenzó a sugerir que si él y todos sus empleados se unían a tener el espíritu de ir una milla extra podrían salvar el negocio.

Se comprometió con sus empleados a que si se unían a él en el experimento él se esforzaría por continuar adelante con la empresa, bajo la promesa de que todos se olvidaran de trabajar simplemente por recibir un sueldo, de cumplir con un horario, asumirían el compromiso de hacer su mejor esfuerzo y tomarían turnos para recibir su salario. Si el negocio se hacía rentable cada empleado recibiría además de su salario un buen bono adicional que recompensara su labor.

A los empleados les gustó la idea y aceptaron hacer un intento. Al día siguiente los empleados comenzaron a venir con sus pocos ahorros, los cuales prestaron voluntariamente al señor Nash.

Todo el mundo se puso a trabajar con un nuevo espíritu y enseguida el negocio empezó a evidenciar de nuevo signos de vida. Muy pronto, se consiguió recuperar el punto de equilibrio para pagar los sueldos. Poco después empezó a prosperar como nunca antes.

Diez años después el negocio del señor Nash lo llevó a la riqueza. Los empleados comenzaron a gozar de más prosperidad que nunca antes, y todo el mundo estaba feliz.

Actualmente Arthur Nash ya es fallecido; pese a eso, su negocio continúa estando en uno de los más importantes de América.

Los empleados tomaron el control del negocio cuando el señor Nash ya no pudo seguir más con él. Pregúntele a alguno de ellos lo que piensa de ir una milla extra y le maravillará la respuesta.

También, hable con alguno de los representantes de ventas de la industria del señor Nash, y evidencie su espíritu de entusiasmo y confianza. Cuando el estimulante de la milla extra ingresa a la mente de un hombre, éste llega a ser una persona distinta.

La perspectiva del mundo se torna distinta ante él, y él también se ve distinto ante el mundo, porque, de hecho es diferente.

Y este es un momento adecuado para recordar un asunto pertinente sobre la importancia de ir una milla extra y hacer más de lo que se espera de uno. Es acerca de la sorprendente influencia que tiene sobre el hombre que practica el principio. El mayor beneficio que sale del practicar el hábito no lo recibe quien recibe el servicio, sino que es sobre quien rinde el servicio. Y esto se traduce principalmente en la "actitud mental del individuo", lo que le permite tener mayor influencia sobre otras personas, desarrollar mayor confianza en sí mismo, mayor iniciativa, mayor entusiasmo, mayor visión y mayor claridad de propósito; cualidades fundamentales para el logro del éxito.

Emerson dijo: "Hágalo y obtendrá el poder." ¡Sí el poder! ¿Qué se puede conseguir en este mundo si no se tiene poder? Sin embargo, tiene que ser el poder que atrae a las personas en vez de apartarlas. El poder que deriva beneficios de la ley de la recompensa creciente, por medio de actos deliberados que se multiplican y creen beneficios progresivos.

Una forma fácil de obtener las cosas

Resulta provechoso para quienes trabajan como asalariados aprender más acerca del asunto de conseguir beneficios progresivos. Un hombre no puede pasársela sembrando semillas de servicio inadecuado y esperar cosechar abundantes resultados. Quienes trabajan de este modo deben dejar la costumbre de cobrar por un día completo de salario a cambio de un día de trabajo poco fructífero.

Tanto para ellos, como para todas las personas en general, estas importantes palabras. ¿Por qué no empezar a obtener las cosas que se anhelan de la manera fácil y segura? Y esa importante clave para lograr las cosas que se desean en la vida se revela sólo a quienes se dan a la tarea de andar una milla extra.

El cofre de oro está "al final del arco iris" y esto no es solo una historia de fantasía. El final de la milla extra es el lugar donde el arco iris termina, y allí es donde el cofre de oro se ubica.

Solo algunas personas alcanzan el "final del arco iris. " Cuando alguien llega a donde creía que estaba el arco iris se da cuenta que éste todavía se encuentra a la distancia. El problema con la mayoría de las personas es que no saben como perseguir el arco iris. Pero los que saben el secreto saben que el final de arco iris sólo se consigue cuando se anda la milla extra.

Cierta tarde, hace unos cuarenta y cinco años, William C. Durant, el fundador de General Motors, ingresó a su banco y pidió un favor que debiera haber sido solicitado en el horario de atención al público, el cual ya había finalizado.

El hombre que atendió al señor Durant fue Carol Downes, un funcionario de baja importancia del banco. El señor Downes no sólo atendió al señor Durant con eficiencia sino que fue una milla extra añadiendo cortesía al servicio. Hizo sentir al señor Durant contento con el servicio. El incidente pareció ser trivial y en sí mismo fue de poca importancia. Pero lo que no sabía el señor Downes era que aquella cortesía iba a tener repercusiones de trascendencias insospechadas.

A día siguiente el señor Durant solicitó al señor Downes que pasara por su oficina. Aquella visita llevó a que el señor Downes aceptara un puesto de trabajo que se le ofreció. Se le asignó a trabajar en una oficina donde laboraban unas cien personas. Se le dijo que su horario de trabajo era de 8:30 a.m. a 5:30 p.m. El sueldo con el que iniciaría sería un salario modesto.

A terminar el día sonó la campana señalando que había terminado el día de trabajo. Downes observó que todo el mundo se apresuró a tomar su sombrero y abrigo e irse. Él se quedo sentado esperando que los demás salieran de la oficina. Una vez que todos los demás empleados salieron, permaneció en su escritorio preguntándose la razón por la cual todos se habían apresurado a salir de la oficina.

Unos minutos después el señor Durant abrió la puerta de su oficina privada, vio que el señor Downes aun se encontraba sentado en su escritorio y le preguntó si entendía que el horario iba hasta las 5:30.

Downes respondió afirmativamente y agregó: "No quería ser atropellado en la hora pico." A continuación Downes preguntó si podría ser de alguna utilidad al señor Durant. El señor Durant señalo que necesitaba un lápiz, así que Downes consiguió uno, le sacó la punta en la afiladera y se lo llevo al señor Durant. El señor Durant agradeció el favor y se despidió.

Al día siguiente a la misma hora Downes permaneció en su escritorio hasta que la hora pico pasó. En esta vez esperó con una intención. En pocos minutos el señor Durant salió de su oficina y preguntó nuevamente a Downes si entendía que el horario iba hasta las 5:30.

"Sí señor." Respondió sonriendo Downes y agregó: "Sé que es la hora de terminar el trabajo, pero nada señala que debo salir de la oficina a esta hora y he decidido permanecer aquí unos minutos más con la esperanza de que necesite algún servicio de mi parte."

"¡Qué esperanza tan inusual!" Exclamó Durant. "¿De dónde consiguió esa idea?"

"La obtuve de lo que veo aquí cada días a la hora de cierre," respondió Downes. El señor Durant s murmuro una respuesta que Downes no escuchó bien y regresó a su oficina.

Desde ese día en adelante Downes permanecía en su escritorio todos los días después de la hora de cierre hasta cuando veía que el señor Durant salía de su oficina. A Downes no se le pagó por quedarse más tiempo. Nadie le pidió que lo hiciera. Nadie le prometió ninguna cosa a cambio por permanecer, y desde el punto de vista de un observador desprevenido aquello era una pérdida de tiempo.

Tiempo después se le pidió al señor Downes que se presentara en la oficina del señor Durant. Allí se le informó que había sido elegido para ser enviado a una nueva planta que recién se había adquirido y que él supervisaría la instalación de la maquinaria de esa nueva planta. ¡Imagine eso! Un ex funcionario bancario transformándose en experto en maquinaria en unos pocos meses.

Sin poner reparos, Downes aceptó la designación y se fue. No dijo, "¿Por qué, señor Durant?, yo no sé nada de instalación de maquinaria." Tampoco dijo, "Ese no es mi trabajo," o "A mí no me contrataron para instalar maquinaria." No, no dijo nada, sino que más bien, se puso manos a la obra para cumplir con su asignación y lo hizo con una actitud mental positiva.

Tres meses después terminó el trabajo. Quedó tan bien hecho que el señor Durant llamó al señor Downes a su oficina y le preguntó dónde había aprendido sobre instalación de maquinaria. El señor Downes contestó: "La verdad es que nunca he estudiado sobre el tema, señor Durant. Solo hice lo que fui observando a mi alrededor, busqué a hombres clave que subiera cómo hacer el trabajo y los puse a trabajar, y ellos lo hicieron todo."

"Asombroso", exclamó el señor Durant, "hay dos clases de hombres que son valiosos. Uno es el que puede hacer algo y lo hace bien, sin lamentarse o quejarse de estar sobrecargado y el otro es el que puede hacer que la gente realice las cosas bien, sin quejarse. Usted tiene a los dos tipos de hombre en un sólo paquete."

Downes agradeció el cumplido y se dispuso a marcharse.

"Espere un instante," solicitó el señor Durant, y agregó, "se me olvido mencionarle que usted es el nuevo gerente de la planta que usted mismo instaló y tiene un sueldo inicial de $50,000 al año."

Los siguientes 10 años de tratos con el señor Durant, significaron para Carol Downes entre 10 y 20 millones de dólares. Él alcanzó a ser asesor estrecho del rey de los motores y como resultado se hizo millonario.

En ocasiones conocemos a algunos hombres en el momento que están disfrutando las mieles del triunfo y poco nos imaginamos cómo o por qué lo alcanzaron.

En realidad no hay nada de trascendental en la historia de Carol Downes. Los sucesos mencionados acontecieron durante el día de trabajo, sin siquiera ser notados por las personas de término medio que trabajaban con él. Y sin duda que muchos de sus compañeros de oficina le envidiaban porque pensarían que al señor Durant se le favoreció debido a algún tipo de influencia o de suerte, o cualquier cosa parecida, como excusa para explicar su falta de progreso en la vida.

Bueno, para ser francos el señor Downes tenía una clase de "influencia" con el señor Durant.

Él formó esa influencia con su propia iniciativa.

La creó yendo una milla extra en la forma de afilar aquel lápiz cuando únicamente se le había pedido suministrar un lápiz.

La creó permaneciendo en su escritorio "con la esperanza" de ser útil a su empleador después de su hora de trabajo a las 5:30 p.m.

La creó usando su propia iniciativa personal buscando a los hombres adecuados que supieran instalar la maquinaria en vez de preguntar al señor Durant dónde o cómo encontrarlos.

Fíjese en la ruta que siguieron estos incidentes y encontrará que el éxito del señor Downes se debió absolutamente a su propia iniciativa. Más aún, la historia consistió en una serie de tareas pequeñas bien hechas, realizadas con la "actitud mental" correcta.

Quizás existían muchos hombres al servicio del señor Durant que pudieron hacer lo mismo que el señor Downes, pero el problema con ellos era que estaban buscando el final del arco iris, cuando se retiraban a las 5:30 p.m. cada día.

Años después un amigo le preguntó a Carol Downes cómo había surgido la oportunidad con el señor Durant. Downes contestó, "Sencillamente me puse en la tarea de ponerme en su ruta de modo que él pudiera verme, y que cuando él mirara a su alrededor, precisando algún servicio, me llamara a mí, debido a que yo fuera el único que estaba a su vista. Con el tiempo él tomó la costumbre de llamarme para pedir ayuda. "

Allí está, el señor Durant "adoptó la costumbre" de llamar al señor

Downes. Más allá de eso, se dio cuenta de que el señor Downes podía tomar responsabilidades porque iba una milla extra.

Qué pena que muchos americanos no se contagien un poco de este espíritu para asumir así superiores responsabilidades. Y qué tristeza que muchos de nosotros no nos beneficiemos de los privilegios que tenemos bajo el sistema de vida americano y tomemos beneficio de todas las oportunidades que se nos entregan aquí en este país.

¿Abra alguien en este país que piense que era mejor que Carol Downes hubiera salido a las 5:30, todos los días, como todos sus compañeros?

Si él lo hubiera hecho así, hubiera recibido el sueldo normal por la clase de trabajo que hacía, pero nada más. ¿Por qué debería haber recibido más? Su destino estaba en sus propias manos. Estaba implicado en el privilegio que debería ser el privilegio de todo ciudadano americano: el derecho a practicar la iniciativa personal por medio de cultivar el hábito de ir una milla más. Así que esa es la historia.

No existe ningún otro secreto para el éxito del señor Downes. Y así lo reconoce él. Y cualquier persona que esté habituada con las circunstancias de su ascenso de la pobreza a la riqueza podrá dar fe de que, en efecto, así fue.

¿Por qué existen tan pocos hombres que, como Carol Downes descubren el poder implícito de hacer más que por lo cual se les paga? Hacerlo trae la semilla del gran logro. Es el secreto de todo progreso importante. Y sin embargo es tan poco entendido que muchos lo ven como una treta de los empleadores para conseguir más de sus empleados.

Luego de terminar la guerra entre España y Estados Unidos, Elbert Hubbard escribió una historia titulada Carta a García. En esta él contaba como el presidente William McKinley había delegado a un soldado joven cuyo nombre era Rowan a llevar un mensaje emitido por el gobierno de los Estados Unidos a

García, el jefe rebelde, cuya ubicación puntual no se sabía.

El soldado tomó el mensaje, comenzó su camino y se internó en la isla de Cuba donde encontró a García y le entrego la carta. De eso se trataba la historia, del soldado que en medio de dificultades había cumplido a cabalidad las órdenes, y al final, había regresado.

El relato abrió la imaginación de muchos y fue divulgada en todo el mundo. La simple historia de un hombre que había hecho lo que se le había pedido y que lo había hecho bien, llegó a transformarse en una noticia de considerable magnitud. La Carta a García se imprimió en forma de folleto y las ventas la convirtieron en un clásico de todas las épocas del cual se vendieron más de 10 millones de copias. La historia hizo famoso a Elbert Hubbard y por supuesto también muy rico.

La historia, además, fue también traducida a varios idiomas. El gobierno japonés hizo que se distribuyera una copia a cada uno de los soldados del Japón durante la guerra entre Japón y Rusia. La compañía ferroviaria de Pensilvania entrego una copia a cada uno de sus empleados. Las grandes compañías de seguros de los Estados Unidos también entregaron una copia a toda su fuerza de ventas. Al poco tiempo Elbert Hubbard viajó en el tristemente célebre Lusitania en 1915. Sin embargo, Carta a García permaneció como un bestseller en toda América.

La historia consiguió ser muy popular porque relataba acerca del poder mágico que pertenece al hombre que hace algo y lo hace muy bien.

El mundo entero sueña por esta clase de hombres. Se necesitan muchos de estos en toda esfera de la vida. La industria americana siempre ha estimado a los hombres que toman sus responsabilidades y hacen que el trabajo se efectué como debe ser con la "actitud mental correcta," a través de ir una milla extra.

Andrew Carnegie, tuvo entre sus filas de trabajadores a unos cuarenta de estos hombres a quienes cambió de ser humildes trabajadores con sueldo fijo a millonarios reconocidos. Él reconocía el valor de los hombres que están dispuestos a ir la milla extra. Cuando encontraba a uno de estos hombres, traía "su descubrimiento" a su círculo pequeño de hombres de negocios y le proporcionaba la oportunidad de ganar "todo lo que merecía."

Las personas hacen las cosas o se abstiene de hacerlas con base en alguna motivación. La causa más sensata para desarrollar el hábito de andar una milla adicional es porque reporta dividendos duraderos de formas que resultan demasiado abundantes para ser mencionadas.

Nadie ha obtenido alguna vez el éxito duradero sin hacer más de lo que se esperaba de él. El principio se halla bien confirmado por las leyes de la naturaleza. Y está bien respaldado por un buen cúmulo de hechos en cuanto a su solidez. Está basado en el sentido común y en la justicia.

El mejor método de experimentar la solidez del principio es a través de la aplicación en la vida diaria. Algunas verdades se aprenden mejor sobre la base de la experiencia.

Los americanos desean alcanzar una buena porción de los dividendos que prometen los recursos de este país. Ese es una aspiración sana. Las riquezas aquí son abundantes. Pese a eso, dejemos de intentar conseguirlas de la forma incorrecta. Consigamos nuestras riquezas por medio de dar algo de valor a cambio por ellas.

Ahora sabemos las reglas a través de las cuales se obtiene el éxito. Apropiémonos de esas reglas y usémoslas inteligentemente. Adquiramos las riquezas que anhelamos, y, a la par, contribuyamos al enriquecimiento de esta nación.

La historia del empleador codicioso

Ahora bien, alguien pudiera decir, "Yo en realidad estoy haciendo más de lo que se espera de mí, pero mi empleador es tan egoísta y envidioso que no aprecia la clase de servicio que hago." Todos sabemos que hay hombres envidiosos que quieren que se les realicen servicios extra por el cual no están dispuestos a pagar.

Los empleadores ambiciosos son como vasijas de barro en las manos de un alfarero. Por medio de su misma codicia se les puede incitar a recompensar al hombre que les rinde un servicio superior de lo esperado.

Los empleadores codiciosos no quieren perder los servicios de aquel que tiene la costumbre de ir una milla extra. Ellos están al tanto del valor de estos empleados. Aquí está la palanca y el punto de apoyo en el cual los empleadores pueden ceder ante su codicia.

La persona sabia sabe cómo utilizar la palanca, no a través de aminorar o retenerse de dar el servicio que debe ¡sino por aumentarlo!

La persona sabia que sabe vender sus servicios personales, puede manipular al comprador envidioso de la misma forma que una mujer sabia puede tener influencia en el hombre de su elección. La técnica es precisa a la que utilizan algunas mujeres para manipular a los hombres.

La persona sabia se ocupa en transformarse en alguien indispensable para su empleador codicioso haciendo mayor y mejor trabajo que cualquier otro menos se espera empleado. Los empleadores codiciosos darán lo que sea necesario para no prescindir de tal persona. Así, la codicia voraz del empleador se transforma en un gran instrumento para el hombre que observa el hábito de ir una milla más allá.

Yo he visto utilizar esta técnica más de cien veces como medio para manipular a patrones codiciosos por medio de su propia debilidad y no la he visto fracasar ni siquiera una sola vez.

Algunas veces ocurrió que el patrón codicioso se tardo en reaccionar a la técnica, pero aquello siempre obró en su contra, ya que su empleado conquisto la atención de un empleador de la competencia quien hizo una oferta más elevada por los servicios del trabajador para conseguirlo.

No hay forma de burlar al hombre que sigue el hábito de ir una milla extra. Si éste no consigue el reconocimiento debido de una manera, viene de otra - habitualmente de donde. Así ocurre siempre con el hombre que hace más de lo que se espera de él.

La persona que va una milla más allá y lo hace con la "actitud mental correcta", nunca invierte tiempo en buscar un trabajo. No tiene que hacerlo ya que el trabajo siempre está buscando por él.

Las recesiones podrán ir y venir; los negocios podrán ir bien o mal; el país podrá estar en paz o en guerra. Pero la persona que entrega un mayor y mejor servicio del que se espera de él se hace indispensable y esto se convierte en un seguro contra el desempleo para él.

El tener un sueldo bien remunerado y el hacerse indispensable van en conjunto. Siempre estarán juntos.

La persona que es bastante inteligente para hacerse indispensable es bastantemente inteligente para mantenerse empleado y por sueldos que hasta el empleador más ambiciosos están dispuestos a pagar.

Muchos hombres van por la vida esperando encontrar "oportunidades" que les permitan cambiar su situación, pero nunca consiguen su meta porque no tienen en realidad ninguna meta. Por eso, no tienen motivo que los inspire para desarollar el hábito de ir una milla extra y nunca reconocen lo que se expresa a continuación.

"La esperanza que los hombres establecen en sus corazones,
bien puede prosperar o transformarse en cenizas.
Y como nieve sobre el rostro polvoriento del desierto,
brilla una o dos horas y luego se va."

Su prisa se transforma en una pérdida, porque dan y dan vueltas como un pez en su pecera, volviendo siempre al punto de inicio con las manos vacías y desilusionadas.

Las riquezas se logran solamente a través de fijarse una cita con ellas. Y esto se hace eligiendo un plan y una meta definidos. También fijando un punto de partida y entonces despegando.

Pero que nadie haga el error de pensar que el hábito de ir una milla extra remunera sólo en términos de riquezas materiales. Desarrollar el hábito también ayuda a abrir la fuente de las riquezas espirituales donde se satisfacen las necesidades humanas.

La conmovedora historia de Edward Choate

Algunos hombres inteligentes y otros sabios han descubierto el camino a las riquezas a través de la aplicación deliberada del principio de ir una milla más allá por razones monetarias.

Pese a eso, los que son realmente sabios reconocen que la más grande recompensa por usar este principio se confirma en términos de amistades duraderas por toda la vida y se evidencia en relaciones humanas armoniosas, en la manifestación del amor, en la capacidad de entender a la gente, y en la disposición para compartir las propias bendiciones con los demás, recompensas que se cuentan entre las Doce riquezas de la vida.

Edward Choate es alguien que ha reconocido esta verdad y ha hallado la Llave maestra de la riqueza. Él vive en Los Ángeles, California, y su actividad se basa en vender seguros de vida.

Al comienzo de su carrera como asesor de seguros se ganaba la vida humildemente. Sin embargo, por causa de una alianza comercial desafortunada perdió todo su dinero y se vio forzado a comenzar nuevamente.

Dije yo "una alianza comercial desafortunada," pero quizás debí haber dicho "una alianza comercial provechosa," ya que esta pérdida lo obligó a detenerse, observar, escuchar, pensar y reflexionar en lo que hace que algunos hombres alcancen las alturas del logro mientras que otros experimenten la derrota y el fracaso permanente.

Esta experiencia llevó al señor Choate a aprender sobre la filosofía del logro personal. Cuando avanzó a la lección de la milla extra, despertó a un estado de sensatez que jamás había experimentado y reconoció que la pérdida de las riquezas materiales lo puede llevar a uno a una fuente de riquezas superiores, relacionadas con las riquezas espirituales. Después de este descubrimiento el señor Choate comenzó a apropiarse, una a una de las Doce riquezas de la vida, iniciando por la primera en la lista que es el desarrollo de una actitud mental positiva.

Para ese momento, el señor Choate dejó de pensar en las cifras que pudiera vender con los seguros de vida y comenzó a buscar oportunidades de ayudar a otros que estuvieran sobrecargados con problemas que ellos mismos no pudieran llevar.

Su primera oportunidad fue cuando encontró a un joven en el desierto de California quien había fracasado en una empresa de minería que había emprendido. La situación del joven era tan triste que prácticamente no tenía para comer. El señor Choate llevó al joven a su casa, lo alimentó, y lo invitó a quedarse en su casa hasta cuando hallara un empleo adecuado.

De esa manera, tomando el papel del buen samaritano, el señor Choate comenzó a ir en otra dirección. Con esta acción no estaba buscando ganar dinero ya que era claro que aquel joven pobre y desalentado no estaba en capacidad de comprarle un seguro de vida.

Desde entonces el señor Choate comenzó a experimentar situaciones parecidas en las que una y otra vez aparecían personas con problemas que necesitaban de su ayuda. Parecía como si el señor Choate tuviera un imán que atrajera a este tipo de personas

Pese a eso lo que verdaderamente estaba ocurriendo era que el señor Choate estaba pasando por un periodo de prueba donde se necesitaba que él mostrara su sinceridad en cuanto a su intención de ayudar a otros. Un periodo, y no debemos olvidar esto, en el cual todo el que desea poner en práctica el principio de ir una milla extra, necesita experimentar de una forma o de otra.

Al poco tiempo la situación cambió, y los asuntos del señor Choate comenzaron a tomar un giro que él seguramente no esperaba. Las ventas de los seguros de vida empezaron a aumentar hasta que se empezaron obtener siempre los topes más elevados. Y, maravilla de maravillas, una de las pólizas más grandes de las que vendió fue vendida al empleador del hombre que había encontrado en el desierto al cual le había ayudado. La venta se hizo sin que el señor Choate buscara hacerla.

Desde ese momento, las ventas del señor Choate siguieron transcurriendo de la misma manera, hasta el punto en que él estaba vendiendo más seguros de vida de los que había vendido inicialmente, pero ahora sin ningún esfuerzo de su parte.

Las ventas fueron tan exitosas, que llegó el momento en que las pólizas que él vendía, eran las de mayor facturación. Importantes personas de negocios comenzaron a buscarlo para solicitar su ayuda en relación con temas de seguros.

Su negocio llegó a crecer tanto que aquello lo llevó a conseguir la meta más deseada por los vendedores de seguros. Alcanzó membrecía en la mesa redonda del millón de dólares. Aquella distinción sólo la consiguen aquellos que venden como mínimo un millón de dólares al año durante tres años consecutivos.

De manera que por estar buscando riquezas espirituales, el señor Choate también encontró riquezas materiales; y las encontró en gran abundancia, más de lo que él hubiera imaginado.

Esto sucedió tan sólo seis años después que él asumió el papel del buen samaritano. En aquel año, el señor Choate facturó más de dos millones de dólares en seguros de vida y esto sucedió solamente durante los primeros cuatro meses del año.

Esta notable historia comenzó a dar la vuelta por todo el país.

Llevó a que se invitara al señor Choate a hablar ante grandes auditorios de vendedores de seguros de vida, ya que estos ansiaban saber qué era lo que había hccho para conseguir semejante posición tan envidiable en su profesión.

Él señor Choate les contaba la historia, y contrario a lo que suele suceder con quienes consiguen el éxito, les contaba con humildad de corazón lo que lo había inspirado, a saber, que sus logros eran el resultado de la utilización de una filosofía que había aprendido de otras personas.

Esto es admirable, porque el hombre promedio que obtiene el éxito desarrolla la tendencia a tratar de dar la impresión de que su éxito se debe a su propia habilidad o sabiduría; Pese a eso, muchas veces tiende a olvidarse de dar crédito a sus benefactores.

¡Qué pesar que no existan muchas personas como Edward Choate en el mundo!

Esto lo decimos porque nadie logra el éxito sin que haya tenido la colaboración amistosa de otros. Ninguna persona alcanza éxito duradero sin primero haber ayudado a otras personas.

Edward Choate es rico materialmente. Sin embargo, son muchísimos más ricos en sentido espiritual. Esto se debe a que él ha hecho un uso inteligente de las Doce riquezas de la vida, de las cuales el dinero es la última y de menor importante.

Capítulo seis
LA MENTE MAESTRA

Definición: La alianza de dos o más mentes que se unen en un espíritu de perfecta armonía y cooperación, las cuales tienen como objetivo conseguir una meta definida.

Fíjese bien la definición de este principio, ya que muestra la clave para lograr el desarrollo máximo del poder personal.

El principio de la Mente maestra es la base de todos los logros mayores, la piedra de fundamento de mayor importancia de todo el progreso humano, sea individual o colectivo.

La clave de su poder se encuentra en la palabra "armonía." Sin ese elemento el esfuerzo colectivo se transformará en cooperación, pero carecerá de la armonía que se consigue por medio del esfuerzo coordinado.

Ahora mencionaremos los pilares de mayor importancia en relación con el principio de la Mente maestra:

Premisa 1:

El principio de la Mente maestra es el medio mediante el cual uno puede conseguir pleno beneficio de la experiencia, el entrenamiento, la educación, el conocimiento especializado y la habilidad natural de otros. Esto se puede lograr de una manera tan completa que pareciera que las mentes de estas personas talentosas fueran la propia mente de uno.

Premisa 2:

La alianza de dos o más mentes, bajo un espíritu de perfecta armonía, que se unen con el propósito de conseguir una meta en común, estimula a cada mente a alcanzar un altísimo grado de inspiración, el cual puede conseguir ese estado mental denominado como Fe. (Situaciones ligeramente parecidas a este estímulo son el poder que se experimenta cuando se goza de una relación de amistad muy estrecha y cuando se tiene una completa relación de amor.)

Premisa 3:

Cada mente humana es una estación tanto transmisora como receptora de la expresión de vibraciones del pensamiento y el efecto estimulante del principio de la Mente maestra incita la acción del pensamiento. Esto es lo que generalmente se conoce como telepatía, la cual maniobra a través del sexto sentido.

Es de esta forma que muchos negocios y alianzas comerciales se convierten en realidad, y extraña vez alguien logra desarrollar una estación receptora de altas frecuencias, de proyección duradera sin la aplicación del principio de la Mente maestra a través de la cual se asegure de contar con la cooperación de otras mentes.

Este hecho en sí mismo forma bastante evidencia de la firmeza y de la importancia del principio de la Mente maestra. Sin embargo, para poder evidenciar el principio se deberán agudizar los poderes de observación y poner a prueba la confianza.

Premisa 4:

El principio de la Mente maestra, cuando se emplea correctamente, tiene el efecto de conectar la sección subconsciente de la mente de uno con la sección subconsciente de la mente de sus aliados -un hecho que puede explicar muchos de los aparentes resultados milagrosos que se consiguen por medio de la Mente maestra.

Premisa 5:

Los ámbitos de las relaciones humanas donde se puede emplear más provechosamente el principio de la Mente maestra son:

(a) En el matrimonio
(b) En la religión
(c) En la profesión u ocupación de uno.

El principio de la Mente maestra hizo posible que Thomas Alba Edison llegara a transformarse en un gran inventor a pesar de su falta de preparación académica y su carencia de conocimiento de las ciencias con las cuales tenía que trabajar -circunstancia que ofrece esperanza a todos los que erróneamente piensan que están - imposibilitados por su falta de preparación académica.

Con la ayuda del principio de la Mente maestra uno puede comprender la historia y la estructura de este planeta por medio del conocimiento de geólogos expertos.

Bajo el principio de la Mente maestra uno puede tener uso práctico de conocimientos de química por medio de los conocimientos de quienes son expertos en química.

Con la ayuda de científicos, tecnólogos, físicos e ingenieros mecánicos uno puede transformarse en un inventor exitoso sin tener formación en ninguno de esos campos.

Hay dos clases de alianzas de Mentes maestras, a saber:

l. Alianzas por motivos completamente sociales o personales, entre las cuales se cuentan los familiares de uno, los amigos y los consejeros espirituales, y donde no hay ningún tipo de ganancia material. La clase más importante de estas alianzas es la del hombre y su esposa.

2. Alianzas por motivos comerciales, profesionales, o económicas, formadas por individuos que tienen una motivación personal en relación con la alianza en sí.

Ahora examinemos algunos de los ejemplos de mayor importancia de los logros que se han conseguido a través de la aplicación del principio de la Mente maestra.

En primera instancia está el sistema de gobierno americano como se concibió inicialmente en la Constitución de los Estados Unidos de América. Esta forma de poder que afecta a cada ciudadano del país y en buena medida los asuntos del mundo completo.

Nuestro país se sobresale por tres aspectos destacados:

1. Es el país más rico del mundo.
2. Es la nación con mayor poder del mundo.
3. Concede a sus ciudadanos más libertad personal de lo que lo hace cualquier otra nación.

Riquezas, libertad y poder. ¡Qué conjunto de realidades tan asombrosa!

La base de tales beneficios no es difícil de determinar, ya que se fundamente en la constitución de nuestro país y en el sistema americano de la libre empresa, los cuales se coordinan tan armoniosamente y suministran a las personas tanto el poder económico como la fuerza espiritual de una manera que el mundo nunca antes había conocido.

Nuestra forma de gobierno es una maravillosa alianza de Mente maestra, hecha para obtener la relación armoniosa entre las personas de este país, funcionando por medio de cincuenta grupos separados conocidos como estados.

La médula de nuestra Mente maestra americana se puede entender fácilmente al tomar en cuenta los componentes del sistema de gobierno, los cuales están bajo el dominio directo de la mayoría de los ciudadanos. Estos son:

1. La rama ejecutiva de poder (encabezada por el Presidente)
2. La rama judicial (en cabeza de la Corte Suprema)
3. La rama legislativa (sustentada por las dos Casas del Congreso)

Nuestra constitución ha sido edificada tan sabiamente que el poder detrás de estas tres ramas del gobierno es efectuado por el pueblo. Es un poder del cual la gente no puede privada. La excepción a esto es cuando la gente muestra negligencia para utilizarlo.

Nuestro poder político se manifiesta a través de nuestro gobierno.

Nuestro poder económico se sostiene por medio del sistema de la libre empresa.

Y la suma neta del poder de los dos anteriores constituye siempre la porción justa del grado de armonía con el cual los dos son coordinados.

El poder que así se obtiene ¡es la propiedad de todo el pueblo!

Es este el poder que ha proporcionado a los ciudadanos el nivel de vida más elevado que civilización alguna haya conocido y que ha convertido a nuestra nación en la más rica, libre y poderosa del mundo entero.

Llamamos a este poder "El sistema americano de vida." Fue este sistema de vida y nuestra ambición de mantenerlo, lo que logró la consolidación de las fuerzas, tanto económicas como espirituales, en una guerra que amenazó la destrucción de la civilización así como nuestra manera de vida.

La prosperidad de la humanidad ha sido establecida por la aplicación de la Mente maestra americana, ya que fue este el balance de poder que cambió el curso de la guerra a favor de la libertad para toda la humanidad.

Otra ilustración de la Mente maestra utilizada a la industria, puede encontrarse en los grandes sistemas americanos de transporte y comunicaciones. Los hombres que han dirigido los sistemas ferroviarios, las aerolíneas, nuestros sistemas de teléfono y de telégrafo, han suministrado un servicio que no puede ser asemejado al de ningún otro país. Su eficiencia y su poder resultante se basan en la utilización del principio de la Mente maestra de la coordinación del esfuerzo armonioso.

Otro ejemplo del poder que se obtiene por la aplicación del principio de la Mente maestra puede verse en la relación que hay entre nuestras fuerzas militares -nuestro Ejército, nuestra Armada y nuestra Fuerza aérea. Aquí también, como en los casos anteriores, la piedra angular de nuestro poder ha sido la armoniosa coordinación del esfuerzo.

Un equipo de fútbol es también muy bueno ejemplo del poder que se consigue a través de la armonía del esfuerzo.

De igual forma, el sistema americano de las cadenas de almacenes, es otro ejemplo del poder económico que se alcanza por medio del principio de la Mente maestra.

Y toda industria exitosa es el resultado de la utilización del principio de la Mente maestra. El sistema americano de la libre empresa es en sí mismo una asombrosa ilustración del poder económico que se obtiene por la coordinación armoniosa y amigable del esfuerzo.

El principio de la Mente maestra no es propiedad exclusiva de los ricos y poderosos. Más bien, es el medio de mayor importancia por el cual se pueden conseguir fines deseables.

Hasta la persona más humilde puede favorecerse de este principio a través de formar alianzas armoniosas con la persona de su elección. La más profunda y quizás la de mayor beneficio es la aplicación de este principio en el matrimonio, siempre y cuando el motivo de la alianza sea el Amor, Esta clase de alianza no sólo constituye la coordinación de las mentes de esposo y esposa sino que une las cualidades espirituales de sus almas.

Los beneficios de tal alianza no solo redundan en satisfacción y felicidad para el esposo y para la esposa sino que beneficia profundamente a los hijos ya que los bendice con un carácter saludable, proveyendo los fundamentos para que estos tengan una vida exitosa.

Ahora usted ya tiene una interpretación entendible de la mayor fuente de poder personal disponible para los hombres, a saber, la Mente maestra. En este momento la responsabilidad de aplicarla correctamente es totalmente suya.

Utilícela correctamente, y será bendecido con el privilegio de ocupar un espacio de importancia en el mundo, espacio que pueden entenderse tanto geográficamente como en las relaciones personales de amistad y cooperación.

No tenga miedo de anotar un objetivo sobresaliente cuando establezca su meta.

Acuerde que vive en una tierra donde existen las oportunidades, donde no se limita al hombre en cuanto a la calidad, la cantidad o la naturaleza de las riquezas que quiera adquirir, eso sí, con tal que esté dispuesto a dar un valor de retorno apropiado.

Antes de que establezca su meta en la vida, recuerde las siguientes líneas y tome en consciencia lección que encierran:

"Negocié con la vida un centavo,
y más que eso la vida no me dio.
Pese a eso, negocié al atardecer,
cuando ví mi morada escasa.
Porque la vida es sólo un patrón,
ella da lo que tú le pides,
porque una vez fijas tu sueldo,
entonces deberás emprender la tarea.
Trabajé por un sueldo exiguo,
sólo para aprender fatigado,
que cualquier sueldo que uno pida,
la vida lo pagará gustosa."

Las personas exitosas no negocian con la vida una vida de pobreza.

Ellos saben que hay una forma a través de la cual la vida puede recompensarle a uno bajo sus propias condiciones. Saben que este poder está a la mano de todo aquel que tenga La Llave maestra de la riqueza, y saben que la naturaleza de este poder es de alcance ilimitado; y lo conocen por el nombre de una palabra, la palabra más grande del idioma inglés.

La palabra es conocida por todas las personas, pero los secretos de su poder, son comprendidos solamente por unos pocos.

Capítulo siete

ANÁLISIS DEL PRINCIPIO
DE LA MENTE MAESTRA

Cuando fui comisionado por Andrew Carnegie para reunir y organizar la filosofía del logro individual, le pedí el favor de contar el principio de la Mente maestra de manera que pudiera ser apropiado y utilizado por otros para conseguir su Propósito mayor definido.

"Señor Carnegie," solicité, "¿pudiera definir el principio de la Mente maestra de manera que pueda ser utilizado a través de los esfuerzos individuales de hombres y mujeres que anhelen encontrar su lugar bajo el sistema americano de vida? Describa, si se puede, las varias aplicaciones que pueda hacer del principio un hombre de habilidades promedio, en sus esfuerzos diarios por hacer lo mejor de las oportunidades que se le presentan en este país."

Y ésta fue la respuesta del señor Carnegie: Los privilegios disponibles a los ciudadanos americanos son protegidos por una fuente de gran poder. Sin embargo, las oportunidades no surgen como los hongos, ni se dan sencillamente porque sí. Las oportunidades deben crearse y luego, mantenerse.

Los fundadores del sistema de gobierno americano, en su previsión y sabiduría, colocaron el fundamento para conseguir toda forma de derechos, de libertad y de riquezas. Pero ellos sencillamente pusieron el fundamento. La responsabilidad de utilizar ése fundamento deberá ser asumida por cada persona que quiera obtener su porción de libertad y de riqueza.

Voy a describir algunas de las aplicaciones del principio de la Mente maestra, que deberá ser empleado en el desarrollo de las varias formas de relaciones humanas, de manera que se consiga alcanzar el Propósito mayor definido.

Pero primero quiero enfatizar el hecho de que para conseguir el objeto del Propósito mayor definido se tendrá que dar una serie de pasos, y que todo pensamiento que uno tenga, y todo asunto en el cual participe en relación con otras personas, cada plan que uno diseñe, cada error que uno cometa, tendrá un efecto significativo en su habilidad para alcanzar la meta propuesta.

La simple escogencia de un Propósito mayor definido, aún cuando se plasme por escrito y sea expresado con lenguaje evidente y se haya grabado muy bien en la mente, no afirma la realización exitosa de ese propósito.

El Propósito mayor de uno deberá estar adecuadamente respaldado por esfuerzo continuo, cuya parte más importante se basa en la clase de relaciones que se tengan con otras personas.

Con esto aclarado en la mente de uno no será difícil comprender la importancia de la escogencia cuidadosa de los asociados de uno, fundamentalmente aquellos con quienes uno tiene contacto personal estrecho relacionado con su ocupación.

Estas son, por lo tanto, algunas de las relaciones humanas, que el hombre con un Propósito mayor definido, necesitará cultivar, organizar y utilizar para progresar hacia el logro de sus metas:

La ocupación

Aparte de la relación matrimonial (que es la más importante de todas las relaciones de la Mente maestra) no existe otra manera de relación más importante que la de un hombre y aquellos con quienes trabaja.

Todo hombre tiende a tomar los ademanes, las creencias, la actitud mental, el punto de vista sobre lo económico y lo político, así como otras características de las personas más locuaces con quienes se asocia en su trabajo cotidiano.

El punto más negativo de esta tendencia se basa en el hecho de que no siempre los más locuaces son los más sensatos, y frecuentemente son personas que al quejarse contagian con sus quejas a los otros trabajadores.

De igual forma, los más locuaces, son generalmente individuos que no tienen un Propósito mayor definido en su vida, y que constantemente dedican buena parte de su tiempo a menospreciar al hombre que sí tiene tal propósito.

Por otra parte, las personas con carácter definido, que saben puntualmente lo que quieren, constantemente tienen la sabiduría de no revelar a los cuatro vientos sus objetivos. Extraña vez desperdician su tiempo intentando desanimar a otros. Se encuentran tan ocupados adelantando sus metas que no tienen tiempo para desperdiciar en alguien o en algo que no contribuya de alguna manera a sus fines.

En casi todo grupo de asociados hay personas cuya influencia y cooperación resulta útil, la persona de discernimiento, que cuenta con un Propósito mayor definido, muestra su sabiduría conformando relaciones de amistad con aquellos que pueden llegar a ser mutuamente beneficiosos. A los demás los evitará con tacto y prudencia.

Ciertamente él procurará tener entre sus aliados cercanos a aquellos que posean carácter, conocimiento y personalidad que puedan ser beneficiosos para él y, claro, no despreciará a los que tienen posiciones de superior rango. Andará expectante de algún día, no sólo conseguir un rango similar al de estos hombres, sino también superarlo. Tendrá en mente las palabras de Abrahán Lincoln, quien dijo: "Por mi parte yo estudiaré y me prepararé, y un buen día vendrá mi oportunidad."

El hombre que tenga un Propósito mayor definido jamás deberá envidiar a sus superiores, más bien, estudiará sus métodos y buscará obtener sus conocimientos. Es una gran verdad que la persona que dedica su tiempo a encontrar faltas en sus superiores nunca se transformara en un líder exitoso.

Los mejores soldados son aquellos que pueden cumplir a cabalidad las órdenes de sus superiores. Los que no lo hacen nunca pueden conseguir a ocupar posiciones de liderazgo en la carrera militar.

Lo mismo, es seguro en los demás hombres en los demás aspectos de la vida. Si uno no imita bien las buenas habilidades de sus superiores, nunca conseguirá sacar buen provecho de su asociación con ellos.

En mi organización más de un centenar de hombres han, conseguido altas posiciones gerenciales y han obtenido riquezas mayores a las que necesitaban. Estas personas no llegaron a ser promovidos debido a andar buscando faltas entre los que los dirigían o entre sus colegas. Más bien, fueron promovidos por apropiarse y hacer uso práctico del conocimiento y la experiencia de aquellos que los rodeaban.

La persona que tiene un Propósito mayor definido hará un inventario cuidadoso de cada persona con la que se relaciona, y verá a cada persona como una posible fuente de conocimiento o influencia que le podrán ser necesarias para conseguir el logo de sus metas.

Cuando un hombre observa a su alrededor de forma inteligente descubre que su lugar de trabajo se transforma literalmente en un salón de clases en donde puede recibir la mejor educación; es decir, la educación que proviene de la observación y de la experiencia.

Algunos preguntarán, ¿Cómo se puede obtener el mejor provecho a este tipo de formación?

La respuesta a esa pregunta se encuentra en cuando se estudian los nueve motivos básicos que movilizan a la persona a la acción. Las personas comparten su experiencia, su conocimiento y cooperan con otros hombres, cuando se les da bastante motivo para hacerlo.

Por eso, la persona que se relaciona amistosamente y de forma cooperativa con sus semejantes, desplegando la actitud mental correcta hacia ellos, cuenta con mejores probabilidades para aprender de sus asociados en contraste con el hombre que es beligerante, irritable, descortés, negligente o de poca fraternidad.

El hombre que quiere aprender de sus asociados hará bien en memorizar el dicho que dice que 'Se logran atrapar más moscas con miel que con sal'.

La educación

La educación de una persona jamás termina.

El hombre que quiere alcanzar un Propósito mayor definido de proporciones notables deberá continuar siendo un estudiante toda la vida, y deberá estar preparado para aprender de toda fuente posible, especialmente las fuentes de donde provenga conocimiento especializado en relación con su propósito mayor.

Las bibliotecas públicas son gratis. Estas disponen de una gran fuente de conocimiento sobre cada tema. Allí se ubican la totalidad del conocimiento del hombre. El hombre exitoso que cuenta con un Propósito mayor definido se ocupa en leer libros conectados con ese propósito, adquiriendo así conocimiento valioso aportado por los hombres que le han precedido. Se suele decir que un hombre no se puede considerar a sí mismo ni siquiera un estudiante de preescolar sino hasta cuando se haya esforzado por conseguir de forma razonable el conocimiento que se haya preservado para él por medio de la experiencia de otros.

Se deberá organizar, por lo tanto, un programa diario de lectura y se deberá planear cuidadosamente tal como se planea una dieta, porque la lectura es también alimento sin el cual no podemos crecer mentalmente.

La persona que pasa su tiempo libre leyendo revistas de trivialidades no está conduciéndose hacia alcanzar ningún logro importante.

Igual puede decirse del hombre que no termina en su programa diario alguna clase de lectura que le suministre el conocimiento preciso para alcanzar su meta principal.

La lectura, pese a eso, no es la única fuente de formación. Cuando se hace una selección cuidadosa de los asociados de uno, uno también está optando otra clase de educación que se logra por medio de las conversaciones diarias.

Los clubes profesionales y de negocios brindan oportunidades de formar alianzas de gran beneficio educativo. Eso sí se deberá elegir el club y las asociaciones teniendo en mente un objetivo definido. De esta forma muchos han conformado alianzas sociales y comerciales de gran valor, las cuales les han ayudado a alcanzar su Propósito mayor definido.

Ningún hombre puede conseguir éxito en la vida sin cultivar la costumbre de hacer amistades. La palabra "contacto", con la que se denomina a los conocidos, es una palabra importante. Cuando una persona convierte el hacer contactos en parte de su vida diaria obtiene beneficios de valor incalculable. Con el tiempo, esos contactos estarán listos y dispuestos para ayudarle a uno si uno ha hecho bien el trabajo de vender una buena imagen de sí mismo.

Como lo dije previamente, el hombre que tiene un Propósito mayor definido necesitará desarrollar el hábito de establecer "contactos" por medio de toda forma posible, tomando cuidado de elegir sus contactos de modo que estos le puedan ser útiles en el futuro.

La iglesia es una fuente muy querida de contactos, ya que allí se pueden cultivar amistades en un entorno que inspira la fraternidad entre los hombres.

Todo hombre precisa de un entorno donde se pueda asociar con otras personas en circunstancias que le permitan intercambiar pensamientos por simple razón de entendimiento y amistad. El hombre que se encierra en sí mismo se convierte en un introvertido y luego se convierte en un egoísta con puntos de vista estrechos acerca de la vida.

La política

Es tanto un deber como un privilegio de todo ciudadano americano el participar en la política y practicar su derecho a ayudar con su voto a la elección de los hombres y las mujeres que ocuparán puestos públicos.

El hecho importante aquí es poder ejercer el derecho al voto sin importar el partido político al cual uno pertenezca. Si la política se llega a ser permeada por la deshonestidad, el directo responsable de ello será el pueblo por haber preferido a personas ineficientes y no dignas del servicio público.

Adicional al privilegio de votar y lo que esto representa, uno no debe pasar por alto los beneficios que se pueden conseguir de participar en la política. En este ámbito también se pueden hacer "contactos" y alianzas que pueden resultar muy provechosas para lograr la meta del Propósito mayor definido.

En muchas ocupaciones, profesiones y negocios, la influencia política puede transformarse en un factor significativo para promover los propios intereses. Los hombres de negocios y los profesionales no deben descuidar la posibilidad de promover los intereses por medio de las alianzas políticas.

El individuo que entiende la necesidad de conseguir aliados que le puedan colaborar en la realización de su propósito, evidentemente hace buen uso de su privilegio de votar.

Sin embargo, la primordial razón por la cual todo ciudadano americano debería tener un interés activo en la política, razón que deberá ser enfatizada por sobre de las demás, es el hecho de que si todos los ciudadanos de bien dejan de ejercer su derecho al voto, el sistema político se desintegrará, lo cual se transformará en un mal que destruirá a nuestra nación.

Los fundadores de esta nación consagraron sus vidas y sus fortunas para garantizar a la gente el privilegio de disfrutar del derecho y de la libertad para lograr su propósito elegido en la vida. Y el mayor de los privilegios es el de ayudar, por medio del voto, a mantener la institucionalidad del gobierno, el cual los fundadores de esta nación establecieron para proteger tales privilegios. Todo lo que vale la pena conseguir tiene un precio.

Usted desea ejercer derechos y libertades personales. Muy bien. Usted puede resguardar ese derecho a través de formar una alianza de Mente maestra con otros hombres honestos y patriotas, y hacer su parte en preferir a personas honestas para ejercer el servicio público. Y no es una exageración decir que esta tal vez puede ser la alianza de Mente maestra de mayor importancia que todo ciudadano americano puede hacer.

Sus antepasados aseguraron la libertad de la cual usted ahora disfruta por medio del voto de ellos. Se espera que usted realice lo mismo en relación con sus descendientes y de las generaciones que habrán de venir.

Todo ciudadano americano de bien tiene bastante influencia con sus conciudadanos y con las personas con las que se asocia en su lugar de empleo. Él de seguro podrá influir en al menos otras cinco personas para que ejerzan su derecho al voto. Si esta persona no lo hace, no dejará de ser un ciudadano honesto. Pese a eso, no podrá evidentemente llamarse a sí mismo un ciudadano patriota, porque el patriotismo tiene un precio que se paga cuando se ejerce el derecho a ser patriota.

Las alianzas sociales

Aquí hay un campo fértil e inmenso donde se pueden cultivar "contactos" amistosos. Éste ámbito está exclusivamente disponible al hombre cuya esposa entiende el arte de hacer amigos en actividades sociales.

La esposa puede transformar su hogar y sus actividades sociales en un bien de valor incalculable para su esposo, si la ocupación de este necesita que él extienda su lista de amistades.

Muchos profesionales cuya ética les prohíbe auto promoverse pueden hacer uso seguro de sus privilegios sociales, con tal que, por supuesto, sus esposas los apoyen en aquellos eventos sociales. He aquí algunos ejemplos:

Un agente de seguros vende más de un millón en seguros al año con la ayuda de su esposa. Ella es miembro de un club de mujeres. La función de la esposa es simple. Ella invita de vez en cuando a su casa a algunos miembros del club y ellas van con sus esposos. Así el esposo de la anfitriona se familiariza con los otros esposos en un ambiente muy amistoso.

A la esposa de un abogado en una ciudad del oeste de los Estados Unidos se le atribuye que ha ayudado a acrecentar el lucrativo negocio de su esposo. Su función ha sido sencilla. Ella invita a las esposas de los hombres adinerados de su zona a participar en actividades sociales. Los resultados han sido asombrosos.

Una de las mayores ventajas de las alianzas con personas de distintas ocupaciones consiste en que tales contactos permiten formar una "mesa redonda" donde se acumula conocimiento que se puede utilizar para conseguir la meta del Propósito mayor definido.

Si los conocidos de uno son bastantes y variados, pueden convertirse en una valiosa fuente de información en una amplia variedad de temas, formando así una red intelectual, esencial para el desarrollo de la flexibilidad y la versatilidad tan necesarias en la mayoría de los casos.

Cuando un grupo de hombres se reúne y entra en una consideración de mesa redonda, la expresión espontánea y el intercambio de pensamientos enriquece a todos los que participan. Todo hombre precisa fortalecer sus propias ideas y planes con nuevos pensamientos, que pueden salir de consideraciones abiertas y francas con personas cuya experiencia y formación difieran de la suya.

El escritor que se transforma en "escritor de primera línea" y permanece en esa posición tendrá que añadir continuamente nuevos conocimientos a su caudal ya existente. Una manera de hacerlo es apropiando los pensamientos y las ideas de otros, por medio de los contactos y de la lectura.

La mente que permanece brillante, alerta, receptiva y amoldable debe alimentarse constantemente del almacén de otras mentes. Si se descuida esa renovación la mente se atrofia, tal como se atrofia un músculo que no se utiliza. Esto sucede de acuerdo a las leyes naturales. Estudie a la naturaleza y verá que toda cosa viviente, desde el más pequeño de los insectos hasta la intrincada maquinaria de los seres humanos, crece y permanece saludable sólo por el uso continuo.

Las consideraciones de mesa redonda no sólo acrecientan el almacén de conocimiento útil de uno sino que ayudan a desenvolver el poder de la mente. La persona que deja de estudiar el día en que se gradúa jamás llegara a ser una persona educada, no importa cuánto conocimiento haya adquirido cuando iba a estudiar.

La vida en sí misma es una escuela, y todo aquello que estimule el pensamiento se transforma en un profesor. La persona sabia sabe esto, hace parte de su rutina cotidiana el establecer contacto con otras mentes, con el propósito de enriquecer su propia mente por medio del intercambio de pensamientos.

Vemos por lo tanto que el principio de la Mente maestra tiene un alcance ilimitado de uso práctico. Es la forma por el cual el individuo puede perfeccionar el poder de su propia mente, con el conocimiento, la experiencia y la actitud mental de otras mentes.

Un hombre expresó apropiadamente la siguiente idea: "Si yo te doy uno de mis dólares por cada uno de los tuyos, al final contaremos con lo mismo que empezamos; pero si yo te entrego un pensamiento por cada uno de los tuyos, cada uno habremos conseguido un dividendo del cien por ciento en la inversión de nuestro tiempo.

Ningún tipo de relación humana es tan rentable como cuando se intercambian pensamientos con otras personas, y resulta sorprendentemente que uno puede recibir de la mente de las personas más sencillas ideas de primera magnitud en importancia.

Deme la oportunidad de ilustrar lo que digo por medio de la historia de un escritor que obtuvo una idea de un hombre que trabajaba como conserje y asistía a su iglesia, idea que le condujo al logro de su Propósito mayor definido.

El nombre del escritor era Russell Conwell y su mayor propósito era fundar una universidad, cosa que había deseado hacer por mucho tiempo. Todo lo que necesitaba era tener el dinero necesario. La suma de más de un millón de dólares.

Un día el reverendo Conwell se tomo un tiempo para hablar con el conserje quien estaba cortando el césped de la iglesia. Mientras conversaban informalmente el reverendo Conwell dijo por casualidad que el pasto al otro lado de la propiedad era más verde y estaba en mejores condiciones que el pasto de la iglesia. Cuando menciono esto quería reprender sutilmente a su asistente.

El conserje contestó con una sonrisa diciendo: 'Sí, el pasto allá se ve más verde, pero eso es porque estamos acostumbrados al pasto de este lado de la cerca'.

No hubo nada de interesante en esa declaración, puesto que no era más que una disculpa para la pereza, pese a eso, aquella idea plantó en la fértil mente de Russell Conwell la semilla de una idea -un simple pensamiento, nada elaborado- que le llevo a la solución de su problema.

De aquella simple declaración empezó la idea que el predicador uso para componer un discurso que fue pronunciado más cuatro mil veces. El discurso se tituló 'Acres de diamantes'. La idea principal de su discurso fue: Un hombre no necesita buscar su oportunidad en la distancia, la puede encontrar justo donde está, y lo hará si reconoce que el pasto al otro lado de la cerca no es más verde que el pasto donde él se encuentra.

El discurso causo un ingreso de más de seis millones de dólares durante la vida de Russell Conwell. Se publicó en un libro y llegó a transformarse en un bestseller en todo el país durante muchos años. Hasta en la actualidad se puede conseguir el libro. El dinero conseguido fue utilizado para fundar y mantener la Universidad de Filadelfia en Pensilvania, una de las instituciones educativas más grandes del país.

La idea en la cual se centró el discurso, hizo más que fundar una universidad. Enriqueció las mentes de millones de personas animándolas a buscar las oportunidades justo en el sitio donde se ubican. La filosofía del discurso es tan sabia actualmente como lo fue el día en que surgió en la mente del trabajador.

Recuerde esto: toda mente activa es una fuente potencial de inspiración de donde se pueden conseguir ideas o semillas de ideas de incalculable valor para la solución de los problemas personales y para conseguir el propósito más grande de la vida.

En ocasiones las grandes ideas vienen de mentes humildes, y habitualmente provienen de mentes que son cercanas al individuo cuando la relación de la Mente maestra se ha establecido y mantenido a propósito.

En cuanto a mí la idea más eficaz para mi propia carrera vino una tarde cuando Charlie Schwab y yo caminábamos por un campo de golf. Cuando salimos del hoyo 13, Charlie me miró con sonrisa tranquila y dijo, "Yo estoy tres golpes adelante tuyo amigo, pero estoy pensando en algo que te va a dar mucho tiempo libre para jugar golf."

La incertidumbre me condujo a pensar en la naturaleza de la idea, y él me la dijo en una sola frase. Cada palabra de esa frase valía millones de dólares: "Consolida todas tus plantas de acero en una sola corporación y véndela a los banqueros de Wall Street."

A lo largo del juego no se habló más del tema, pero esa tarde empecé a dar vueltas a esa idea en mi mente. Antes de irme a dormir aquella noche transformé la semilla de esa idea en un Propósito mayor definido. La semana siguiente envié a Charlie Schwab a Nueva York a pronunciar una charla ante los banqueros de Wall Street, entre quienes estaba J. Pierpont Morgan.

La sustancia de aquella charla consistía en el método para formar la Corporación Americana del Acero, a través de la cual consolidé todas mis plantas de acero y me retiré del negocio con más dinero del que alguien pudiera precisar.

Ahora permítame destacar un punto: la idea de Charlie Schwab, pudo nunca haber surgido, y yo jamás hubiera recibido el beneficio de este si antes yo no hubiera animado a mis colaboradores a producir nuevas ideas. Tal estímulo había sido dado por medio de una alianza estrecha y continua de la Mente maestra con los miembros de mi organización, entre quienes se encontraban Charles Schwab.

Y permítame repetir esto la palabra "contacto," es una palabra muy importante.

Y adquiere mayor importancia si le agregamos la palabra "armonioso." Un individuo puede hacer uso pleno de su capacidad para crear ideas a través de establecer relaciones armoniosas con las mentes de otras personas. El hombre que pasa por alto este acontecimiento está condenado a la penuria y necesidad eternas.

Ningún hombre es lo suficientemente inteligente como para proyectar su influencia en el mundo sin contar con la ayuda amistosa de otros hombres. Recuerde muy bien este pensamiento en su mente, porque es la puerta que lleva al éxito en las altas esferas del logro individual.

La gente suele pensar que el éxito está a la distancia; muy lejos de donde ellos están. Y frecuentemente lo buscan de la forma difícil pensando que "la suerte" o "un milagro" les pueden ocurrir.

Como Russell Conwell lo dijo acertadamente en su discurso, las personas suelen pensar que el pasto es más verde al otro lado de la cerca, y pasan por alto los 'Acres de diamantes' que aparecen en la forma de ideas y oportunidades que vienen de las mentes que los rodean cotidianamente.

Yo encontré mis "Acres de diamantes" justo donde me encontraba, y esto sucedió cuando miraba el brillo de un horno candente de acero. Recuerdo muy bien el día en que me inicié a vender a mí mismo la idea de llegar a transformarme en un líder en la industria del acero en vez de persistir como ayudante de otro hombre en la consecución de los "Acres de diamantes" de él.

Al principio la idea no era muy clara. Era más bien un anhelo que un propósito definido. Pero comencé a pensar en él y a darle forma en mi mente y este empezó a apoderarse de mi entusiasmo. Llegó el día en que el pensamiento comenzó a dirigirme en vez de yo tener que encauzarlo.

Ése día empecé a trabajar con solicitud para alcanzar mis propios "Acres de diamantes", y enseguida empecé a sorprenderme de ver cuán rápido puede traducirse en realidad la realización de un Propósito mayor definido.

El punto importante es saber qué es exactamente lo que uno quiere.

El paso siguiente es comenzar a cavar por los diamantes justo donde uno se ubica, utilizando las herramientas que se tengan a su alcance, aunque estas sean únicamente las herramientas del pensamiento. En la medida en que se le de buen uso a las herramientas que se tengan disponibles vendrán otras herramientas mejores una vez se esté listo para usarlas.

La persona que comprenda el principio de la Mente maestra y lo utilice, encontrará las herramientas necesarias mucho más rápido que cualquier otra persona que no conozca el principio.

Toda mente requiere tener contacto amigable con otras mentes para propagarse y crecer. La persona de discernimiento que cuente con un Propósito mayor definido elige, con gran cuidado, los tipos de mentes con las cuales se asocia más íntimamente, dado que comprende que adoptará en algún grado la forma de ser de la persona con la cual elija asociarse.

Yo no daría mucho por un hombre que no busca la compañía de personas que sepan más que él. El hombre por naturaleza asciende al nivel de sus superiores o desciende al nivel de los que están en situación peor a la de él, y esto sucede porque el hombre tiende a emular a las personas con las que decide asociarse.

Por último, hay un último aspecto que el hombre que trabaja como asalariado debe aceptar. Radica en el hecho de que su trabajo es, o debería ser, una escuela de formación para una etapa superior en la vida y que a través que trabaja recibe dos tipos de sueldo: en primer lugar el salario que él recibe directamente, y en segundo lugar la recompensa que recibe en términos de la experiencia que obtiene. Y frecuentemente ocurre que el mayor sueldo que un hombre recibe no se encuentra en el sobre, ¡sino en la experiencia que gana al trabajar!

El valor agregado que un hombre logra de su experiencia depende en buena medida de la actitud mental con la cual se relaciona con sus compañeros de trabajo; tanto los que están en un puesto superior al de él como los que están en uno inferior. Si la actitud es positiva y de cooperación y si continua el hábito de ir una milla más, su progreso será seguro y rápido.

Así, podemos concluir que la persona que progresa en la vida no solo hace buen uso del principio del principio de la Mente maestra, sino que también emplea el principio de ir una milla extra y el principio de Claridad de propósito; los tres principios que están asociados inseparablemente con los hombres exitosos en todas los puntos de la vida.

El matrimonio

El matrimonio es por mucho la alianza de mayor importancia que un hombre puede experimentar en toda su vida.

Esta relación es de gran importancia ya que relaciona a dos personas en sentido económico, físico, mental y espiritual.

El hogar es el lugar donde deberían iniciar la mayoría de las alianzas de la Mente maestra, y el hombre que opta sabiamente a su compañera, la hará a ella el primer miembro de su grupo personal de la Mente maestra.

La alianza de la Mente maestra en el hogar deberá incluir no solo al hombre y a su esposa, sino que incluirá a otros miembros de la familia, si viven en bajo el mismo techo, en especial a los hijos.

El principio de la Mente maestra pone en funcionamiento las fuerzas espirituales de los que están trabajando unidos para conseguir el logro de un propósito definido. Ese poder espiritual, aunque se ve intangible es por mucho el más grande de todos los poderes.

El hombre casado que tiene una buena relación con su esposa -buena relación en términos de plena armonía, entendimiento, empatía y unidad de propósito- tiene un bien invaluable en su relación, lo que lo puede conducir a alcanzar grandes logros.

La falta de armonía entre un hombre y su esposa es injustificable, sin importar cuál sea la causa. Es injustificable porque puede destruir las posibilidades de éxito de un hombre, y esto es verdad aunque el hombre tenga todos los atributos para alcanzar el éxito.

Para las esposas únicamente

Y aquí quiero entregar una recomendación para el beneficio de las esposas.

La recomendación puede, si se acepta y se sigue, marcar la diferencia entre una vida de pobreza y miseria o una vida de abundancia y plenitud.

La esposa tiene más influencia sobre un hombre que cualquier otra persona en el mundo. Así es, ella tendrá esa influencia superior si se ha trabajado por hacer el máximo en la relación con su esposo.

Él la eligió a ella en matrimonio por sobre de toda otra mujer, lo que significa que ella tiene todo su amor y confianza.

El amor dirige la lista de los nueve motivos básicos de la vida que inspiran la voluntad de la gente. Por medio de la emoción del amor, la esposa puede infundir en su esposo y en su trabajo diario un espíritu de confianza que no conoce el fracaso. Pese a eso, recuerde que "sermonear", demostrar celos, buscar defectos en su esposo y manifestar indiferencia, no alimentan la emoción del amor. Lo matan.

Si una esposa es sabia realizará arreglos para encontrarse con su esposo normalmente durante una hora diaria para aplicar el principio de la Mente maestra. En aquel momento la pareja sintonizará y discutirá en detalle sus intereses mutuos bajo un espíritu de amor y entendimiento. Los mejores momentos para hacer esto son luego del desayuno en las mañanas o antes de irse a dormir en la noche.

Las horas de las comidas deberán ser momentos de intercambio amigable entre esposo y esposa. No deje que estos momentos se transformen en periodos inquisitivos o de reproches. Más bien, procure que esos momentos sean periodos de adoración familiar, donde haya alegría y la consideración de temas agradables de interés mutuo.

Muchas relaciones familiares se agrietan en las horas de las comidas más que en cualquier otro momento y esto pasa porque muchos dedican estos momentos a zanjar diferencias familiares, diferencias de opinión o para disciplinar a los niños.

Tal como se dice que así como esté el estómago de un hombre así también estará su corazón. Por eso, las horas de las comidas proveen una excelente oportunidad a las esposas de acercarse al corazón de sus esposos para expresar sus inquietudes, procurando siempre hacerlo bajo un espíritu de amor y cariño y no con la intención de increpar y reprochar.

La esposa puede impulsar a su esposo a conseguir muchas metas.

La esposa debe interesarse mucho en la ocupación de su esposo. Deberá estar familiarizada con todos los detalles de ésta. Ella no debe pasar por alto oportunidades de manifestar su interés en todo lo que constituye el medio de vida de la pareja. Y sobre todo no debe ser de la clase de esposa que le dice a su esposo sea con palabras o con su actitud, "Tú traes el dinero que yo gasto, pero no me molestes con detalles de cómo te lo ganas, eso no me importa".

Si una esposa toma esa actitud, vendrá el tiempo en que al esposo ya no le interesará cuánto dinero trae a casa, y después, ni le interesará traer el dinero a casa.

Pienso que las esposas sabias sabrán entender claramente lo que quiero decir.

Cuando una mujer se casa se transforma en la accionista mayoritaria de la sociedad conyugal. Si ella se asocia con su esposo usando el principio de la Mente maestra, ella continuará siendo, por cuanto perdure el matrimonio, el voto decisivo en las decisiones que se tomen.

La esposa que es sabia preparará de manera cuidadosa el presupuesto de la sociedad conyugal. Tendrá especial precaución para no gastar más de lo que el presupuesto lo permita. Varios matrimonios colapsan porque se agota el dinero. Y no es un axioma decir que cuando la pobreza toca en la puerta del frente, el amor sale por la puerta de atrás. El amor, como una hermosa pintura, necesita del embellecimiento de un precioso marco y de iluminación apropiada.

Como ocurre con el cuerpo físico el amor necesita de alimento y cuidados. El amor no prospera con la indiferencia, los sermones, los reproches, ni la dominación de alguna de las partes.

El amor prospera cuando el hombre y su esposa lo alimentan con singularidad de propósito. La esposa que sabe esto continúa siendo la persona de mayor importancia en la vida de su esposo. La esposa que lo olvida verá el tiempo cuando su esposo comenzará a buscar a su alrededor una oportunidad para "cambiarla por un modelo más nuevo", para usar la fraseología de la industria de los automóviles.

El esposo tiene la responsabilidad de ganarse el sustento, pese a eso, la esposa tiene la responsabilidad de suavizar los golpes y las resistencias que encontrará en relación con su ocupación. Esta responsabilidad se puede asumir haciendo del hogar un lugar muy agradable.

La esposa necesita comprender que el hogar es el único lugar donde el esposo pone a un lado los deberes de su ocupación y disfruta del amor, el cariño, el afecto y el entendimiento que sólo una esposa puede dar. La esposa que comprenda esto será verdaderamente sabia y más rica -de maneras más importantes- que la mayoría de las reinas.

También expreso una palabra de precaución a las esposas para que eviten que el instinto maternal traslade al amor de sus esposos. Este tema ha provocado el rompimiento de muchos matrimonios. De modo que, esposas, guárdense del error de remplazar el amor a sus esposos por el amor que sienten hacia sus hijos.

El amor de una mujer, cuando está bien dirigido, es bastante para satisfacer las necesidades del esposo y las de los hijos; y es muy gratificante cuando una esposa entrega generosamente su amor sin demostrar preferencias por alguna de las partes.

Cuando el amor abunda en un hogar, y éste es la base de la Mente maestra familiar, generalmente el aspecto económico no es motivo de desacuerdos; y la razón para esto es que el amor sobrepasa todos los obstáculos, enfrenta las dificultades y vence los problemas.

De vez en cuando aparecen problemas en el hogar, esto es normal en toda familia. Sin embargo, el amor tiene que ser la clave para resolver las dificultades que aparezcan. Mantenga la llama del amor encendida y fulgurante, verá cómo las demás cosas se ajustan a la senda de sus aspiraciones más loables.

Por experiencia sé que este consejo es beneficioso, yo lo he usado en mi propia familia y puedo decir con toda honradez que seguirlo ha provocado todo el éxito material que he alcanzado.

(Resulta asombrosa la declaración del señor Carnegie, especialmente cuando se considera el hecho de que juntó más de 500 millones de dólares. El señor Carnegie hizo una gran fortuna, pero quienes conocieron a su esposa, dicen que ella fue quien realmente influyó en él, de modo que pudiera llegar tan lejos.)

Las mujeres detrás de cámaras

La experiencia de Andrew Carnegie no es sólo una experiencia aislada.

El mismo Thomas A. Edison también admitió que la señora Edison había sido su mayor fuente de inspiración. Ellos celebraban sus reuniones de la Mente maestra cada día, habitualmente al final del día, cuando el señor Edison finalizaba su trabajo. Ellos no permitían que nada les interrumpiera sus reuniones. Así lo organizó la señora Edison ya que ella misma reconoció el valor que tenía demostrar profundo interés por la labor experimental del señor Edison.

Frecuentemente el señor Edison tenía largas jornadas de trabajo; sin embargo, al llegar a casa encontraba a su esposa esperándolo para escuchar de sus éxitos y fracasos durante el día. Ella se familiarizaba con cada experimento que él dirigía, y se interesaba por saber los detalles.

La señora Edison era una clase de "complemento armónico" para el señor Edison. Muy seguido él le mostraba su trabajo para que ella lo viera y le entregara sus opiniones. Se dice que frecuentemente era ella quien resolvía algunos de los desafíos que se necesitaban para concretar sus invenciones.

De manera que podemos concluir que si la relación de la Mente maestra era tan valiosa para un hombre de estas calidades, con mayor razón lo será para quienes se están esforzando por encontrar su lugar en el mundo.

Los Príncipes del amor y el romance han hecho un papel muy importante en la vida de todos los verdaderos líderes. Las biografías de Robert y Elizabeth Browing contienen muchas evidencias de estas entidades invisibles, las cuales ellos reconocieron y respetaron, y las cuales fueron las responsables de las grandes obras literarias de estos poetas.

John Wanamaker, el "Príncipe mercader" de Filadelfia, conocido por muchísimas personas, otorgo todo el crédito a su esposa cuando se levantó de la pobreza a la fama y a la fortuna. Parte de la rutina constante que ellos continuaban era celebrar reuniones de Mente maestra. Esto acontecía cada noche justo antes de irse a dormir.

La historia también atribuye el poderío de Napoleón Bonaparte a la influencia de su primera esposa Josefina. Pese a esto, su éxito comenzó a menguar, cuando él, por su ambición de poder, comenzó a hacer a un lado a su cónyuge, y su derrota y huída a la isla de Santa Helena, no ocurrió mucho después de este acontecimiento.

En nuestros tiempos modernos muchos "Napoleones" han pasado por la misma experiencia y por la misma razón. Muchos hombres han tenido relaciones de la Mente maestra con su esposa sólo hasta cuando consiguen éxito, fama y fortuna, después las "cambian por modelos más recientes", como lo expresó Andrew Carnegie.

La historia de Charles M. Schwab fue distinta. Él también consiguió fama y fortuna por medio de su alianza de la Mente maestra con Andrew Carnegie, ayudado también por una relación parecida con su esposa, quien tuvo una condición de invalidez durante la mayor parte de su vida de casada. Sin embargo, el señor Schwab no la desechó por esa causa, sino que permaneció lealmente a su lado hasta su muerte; y esto se debió a que él creía que la lealtad es el primer requisito para desarrollar un carácter sano.

La lealtad

Ahora que hemos iniciado a considerar el tema de la lealtad debemos decir que la falta de lealtad, entre las personas que tienen relaciones de la Mente maestra comerciales, se cuenta entre las principales razones que conllevan al fracaso.

Cuando los socios de un negocio conservan vínculos de lealtad entre sí, generalmente encuentran la forma de sortear sus derrotas y sus desventajas.

Bien se ha dicho que la primera cualidad que Andrew Carnegie buscaba entre sus trabajadores para conducirlos, de una posición de obreros, a ocupar puestos administrativos bien remunerados, era la cualidad de la lealtad. frecuentemente se le oía decir que si un hombre no tenía la cualidad de la lealtad, tampoco tenía el fundamento para tener un carácter sano en otros aspectos de la vida.

Sus métodos para probar la lealtad de una persona eran múltiples e ingeniosos. Las pruebas tenían lugar antes de mover a una persona a un nuevo cargo y también después de haberlo recibido. Y estas seguían hasta que ya no existiré ninguna duda acerca de la lealtad del hombre.

En cuanto a lealtad, no revele su intención de alianza de la Mente maestra a personas que no hagan parte de la alianza y asegúrese de que los miembros de su alianza se abstengan también de hacerlo. La razón para ello es que los desocupados, los burlones y los codiciosos aparecen a lo largo del camino buscando oportunidades para sembrar semillas de desánimo en las mentes de quienes los superan. Eviten ese escollo conservando en reserva los planes para ustedes los que hacen parte de la alianza, excepto cuando los planes se hacen obvios debido a los resultados y logros.

Jamás asista a las reuniones de la Mente maestra con actitud mental negativa. Recuérdelo, si usted es el líder del grupo de su Mente maestra es su responsabilidad propagar en cada miembro de la alianza interés y entusiasmo apropiados. Por supuesto usted no deberá hacer esto si usted mismo tiene una actitud negativa. Además, la gente nunca continúa con entusiasmo al hombre con tendencia a la duda, a la indecisión y a la falta de fe en su Propósito mayor definido. Mantenga a los miembros de la alianza de su Mente maestra animados con un alto grado de entusiasmo, conservándose a usted animado de la misma manera.

Tampoco descuide velar porque cada miembro de la alianza de su Mente maestra reciba la debida compensación, sea de una manera o de otra y esto en proporción con la contribución que realice. Recuerde que nadie hace las cosas con entusiasmo a menos que reciba algún tipo de recompensa. Familiarícese con los nueve motivos que inspiran la acción voluntaria y asegúrese de que cada miembro aliado de su Mente maestra esté motivado para dar su lealtad, entusiasmo y plena confianza.

Si usted está asociado con sus aliados de Mente maestra por razones comerciales, asegúrese de entregar más de lo que recibe. Usted puede hacerlo tomando y practicando el principio de Ir una milla extra. Realice esto de manera voluntaria, hasta antes de que se le pida que lo haga.

Jamás incluya a rivales en su alianza de la Mente maestra. Más bien continúe la política del Club rotativo de rodearse de hombres que no tengan razones para sentirse en contra de los demás –hombres que no vallan compitiendo con otras personas.

Nunca trate de dominar al grupo de su Mente maestra a la fuerza, por miedo o de forma coercitiva. Más bien, practique su liderazgo con diplomacia, basándose siempre en motivos de lealtad y cooperación. Los días de demostrar liderazgo a la fuerza ya pasaron. No es necesario revivirlos, puesto que ya no tienen cabida en la sociedad civilizada.

Realice todo lo necesario para crear y mantener un espíritu de compañerismo entre sus aliados de Mente maestra. Cuando se consolida un equipo de trabajo amigable y cooperador se logran grandes metas.

La alianza de Mente maestra con mayor poder de la historia fue obtenida por las Naciones Unidas al final de la Segunda Guerra mundial. Sus líderes anunciaron al mundo que su Propósito mayor definido estaba basado en la determinación de establecer la libertad y los Derechos Humanos para todos los pueblos del mundo, tanto para los que habían ganado como para los que habían perdido la guerra.

Aquel pronunciamiento fue mejor que mil victorias en el campo de batalla, ya que tuvo el efecto de formar confianza en las mentes de las personas que fueron afectadas por la catástrofe de la guerra. Sin confianza no puede haber una relación de Mente maestra, sea de operaciones militares o de cualquier otro asunto.

Si usted quiere que su alianza sea duradera y alcance sus metas, tenga muy en mente que la confianza es la raíz de todas las relaciones armoniosas al momento de organizar alianzas de la Mente maestra.

Ya le he mostrado el principio de la más grande fuente del poder personal entre los hombres -La Mente maestra.

Sin embargo, con el conjunto de los primeros cuatro principios de la filosofía - el hábito de ir una milla extra, la Claridad de propósito, la Mente maestra y el que continua, se puede obtener la clave del secreto del poder con el que se puede adquirir la Llave maestra de la riqueza.

Por lo eso, me gustaría mencionar que se debe analizar el próximo capítulo con una disposición de expectación, ya que hacerlo puede resultar en un punto de viraje en su vida.

A continuación le revelaré el verdadero enfoque para comprender el poder que ha desafiado el análisis del mundo entero de la ciencia. También le enseñare la fórmula a través de la cual usted puede asimilar ese poder y utilizarlo para obtener el logro de Su Propósito mayor definido en la vida.

Capítulo ocho
LA FE APLICADA

La fe es un visitante de la realeza que entra en la mente de aquellos que se han preparado para su visita; es decir, en el ente quien se ha preparado a través de la autodisciplina.

Simbólicamente hablando, en el lugar de morada de la realeza, la fe tiene la mejor habitación.

La fe no mora en las habitaciones de paso, no se asocia con la envidia, la ambición, la superstición, el odio, la venganza, la vanidad, la duda, la preocupación o el miedo.

Comprender el verdadero significado de esta verdad es entender al poder misterioso que ha perturbado a los científicos de todos los tiempos.

Para tener a la fe como invitada constante en nuestra mente se necesitará primero preparar la mente a través de autodisciplina.

Ralph Waldo Emerson dijo: "En cada hombre hay algo interno de lo cual puedo aprender, y de ello seré su discípulo." Ahora voy a presentarle a quien que se ha constituido en el gran benefactor de la humanidad y cómo se logra preparar la mente para desarrollar la fe. Dejemos que cuente su historia:

Durante la Depresión Económica de 1929 tomé un curso de postgrado en la Universidad de Hard Knocks. Fue ahí cuando descubrí que poseía una gran fortuna, la cual no había utilizado previamente.

La descubrí una mañana cuando recibí una notificación que me informaba que mi banco había cerrado sus puertas, para tal vez, nunca abrirlas nuevamente. Fue ahí cuando comencé a hacer un inventario de mis bienes intangibles que no utilizaba.

Acompáñeme mientras relato lo que ese inventario reveló. Empecemos con el elemento de mayor importancia, la fe no utilizada.

Cuando busqué intensamente en mi corazón descubrí, a pesar de mis pérdidas financieras, que tenía una gran Fe en la Inteligencia infinita y en mis similares.

Con este descubrimiento apareció otro más importante; descubrí que la Fe puede lograr lo que no puede conseguir todo el dinero del mundo.

Cuando yo tuve todo el dinero que precisaba cometí el error de pensar que el dinero era una fuente de poder constante. Pero tuve la asombrosa revelación de que el dinero, sin Fe, no es nada más que materia inerte, de ningún poder en sí mismo.

Al asimilar, quizás por primera vez en mi vida, el hermoso poder de la Fe con aguante, me auto examiné cuidadosamente para ver cuánto poseía de esta forma de riquezas. El resultado fue tanto extraordinario como gratificante.

Comencé mi análisis caminando por el bosque. Quería aislarme de la muchedumbre, quería estar lejos del ruido de la ciudad, lejos de las molestias de la civilización y de los miedos de los hombres, quería meditar en silencio.

Sí, ¡y qué gratificante es el silencio!

En mi caminata recolecte una semilla y la mantuve en la planta de mi mano. La encontré cerca de un árbol grande que se había caído. Imaginé que el árbol era probablemente de la época cuando George Washington era un muchacho.

Mientras me encontraba allí, observando el gran árbol y su pequeña semilla en mi mano, comprendí que aquel gran árbol había crecido de una pequeña semilla. También medité en que ninguna persona pudo haber hecho ese árbol.

Entonces comprendí que alguna forma de inteligencia intangible creó la semilla de la cual el árbol creció e hizo que germinara y comenzara a crecer en aquel terreno.

Entonces comprendí que los más grandes poderes son los poderes intangibles y no los que consisten en extractos bancarios o cosas materiales.

Entonces agarré en mi mano un puñado de tierra y cubrí la semilla. Tenía en mi mano la porción visible de la sustancia de la cual había

crecido aquel hermoso árbol.

En la raíz de aquel inmenso árbol arranqué un helecho. Sus hojas estaban diseñadas bellamente -sí, diseñadas- y comprendí, mientras miraba el helecho, que éste también había sido creado por la misma inteligencia que había creado al árbol.

Seguí mi caminata por el bosque hasta que llegué a un arroyo de aguas transparentes. Para aquel momento me sentía cansado de modo que me senté cerca del arroyo y mientras descansaba en silencio, oía su armoniosa música, en torbellinos danzantes hacia el mar.

Esa experiencia llevo a mi mente recuerdos de mi juventud. Recordé cuando solía jugar cerca de un arroyo parecido. Mientras permanecía sentado allí, escuchando la música del agua me hice consciente de la existencia de un ser invisible -una inteligencia- que me hablaba a mí desde el agua y me decía:

¡Agua! Pura y transparente. La que ha estado presente desde que este planeta era frío hasta cuando se transformo en el hogar del hombre, los animales y la vegetación.

¡Agua! ¡Qué historias contarías si pudieras hablar el idioma de los hombres! Has satisfecho la sed de incontables millones de criaturas; has alimentado las flores; te has propagado en el vapor y has hecho girar las ruedas de las máquinas que el hombre ha hecho y te has condensado volviendo nuevamente a tu forma inicial. Tú has drenado las alcantarillas, has lavado los pavimentos, has prestado incontables servicios al hombre, regresando siempre a tu fuente en los mares, para ser purificada y comenzar tu viaje de nuevo.

Cuando te mueves andas sólo en una dirección, hacia los mares de donde viniste. Siempre estás yendo y viniendo, y siempre estás feliz en tu tarea.

¡Agua! Sustancia pura, limpia y chispeante. No importa cuánto trabajo sucio realices, te limpias al final de tu labor.

No puedes ser creada, tampoco destruida. Te asemejas a todas las formas de vida. ¡Sin tu generosidad no existiría ninguna forma de vida en la tierra!"

Y el agua siguió en el arroyo ondeando y sonriente en su camino al mar.

La historia del agua había finalizado, pero yo había escuchado un gran sermón. Había estado muy cerca de la más grande de las formas de inteligencia. Sentí evidencia de la misma inteligencia que había formado al gran árbol desde la semilla; la inteligencia que había diseñado las hojas del helecho con tal hermosura que ningún hombre puede duplicar.

En ese momento las sombras de los árboles se alargaban, el día estaba llegando a su final.

Y a medida que el sol bajaba en el horizonte, comprendí, que éste también había tenido participación en el maravilloso sermón que yo había escuchado.

Sin la ayuda complaciente del sol, la semilla no pudiera haberse transformado en aquel exuberante árbol. Sin la ayuda del sol, el agua ondeante del arroyo hubiera persistido eternamente aprisionada en los océanos, y la vida en la tierra jamás hubiera existido.

Estos pensamientos proporcionaron una hermosa conclusión al sermón que había escuchado. Pensamientos de la romántica afinidad entre el sol, el agua y la vida en la tierra, al lado de los cuales, otras formas de romance parecían insignificantes.

Agarré un pequeño guijarro que había sido pulido por las aguas del ondeante arroyo. Y mientras lo sostenía en mi mano empecé a descubrir, desde adentro, otro sermón aún más impresionante. La inteligencia que proyectaba ese sermón a mi mente parecía decir:

Observa, oh hombre mortal, el milagro que tienes en tu mano.

Soy solamente un pedazo de piedra, pese a eso, soy, en realidad, un pequeño universo en el cual existe todo lo que pueda encontrarse en el más grande del universo entre las estrellas.

Parezco ser inerte y sin vida, pero el aspecto es engañoso. Estoy hecho de moléculas. Y dentro de mis moléculas hay miríadas de átomos, y cada una de estas es un pequeño universo. Dentro de los átomos se encuentran los electrones que se mueven a una velocidad inimaginable.

No soy una masa de piedra inactiva, sino un grupo organizado de energía sin límite.

Parezco ser una masa sólida, pero esa apariencia es sólo un espejismo. Mis electrones están separados unos de otros por una distancia superior que la misma masa.

Estúdiame con cuidado, oh sencillo hombre mortal, y recuerda que los grandes poderes del universo son intangibles, que los valores de la vida son aquellos que no pueden ser adicionales en los balances de un banco."

Este último pensamiento fue tan iluminador que me quedé encantado. Reconocí que tenía en mi mano una porción infinitesimal de la energía que tiene el sol, las estrellas de la tierra, en la cual vivimos sólo un cortó periodo de tiempo.

La reflexión me permitió ver la bella realidad de que hay ley y orden, hasta en los más pequeños confines de una simple piedrecita. Y comprendí que dentro de la masa de aquella piedrecita se combinaban el romance y la realidad de la naturaleza. Me di cuenta que dentro de aquella piedrecita trascendía la fascinación.

Jamás anteriormente había sentido tan profundamente el significado de la evidencia de la ley y el orden natural y el propósito que se revela en lo que la mente puede percibir. Nunca anteriormente me había sentido tan cerca a la fuente de mi Fe en la Inteligencia infinita.

Fue una experiencia sorprendente estar allí en medio de la Madre naturaleza; en medio de los árboles, de las corrientes de agua, donde en la serenidad de los alrededores, se tranquilizó mi alma cansada. Donde pude ver, sentir y escuchar a la Inteligencia infinita mostrar la historia de su realidad.

Nunca antes había sido tan consciente de la evidencia incuestionable de la Inteligencia infinita ni de la fuente de mi Fe.

Me entretuve en mi recién encontrado paraíso hasta que la estrella del atardecer comenzó a brillar. Después, un poco renuente, me fui de nuevo a la ciudad, y me mezclé de nuevo con quienes, como esclavos de un galeón, son conducidos por las inexorables reglas de la civilización, en la búsqueda de cosas materiales que son innecesarias.

Ahora he regresado a mi estudio, y rodeado de libros, frente a mi máquina de escribir, me ubico escribiendo el relato de mi experiencia. Sin embargo, tengo un sentimiento de soledad, siento el deseo de volver allá al lado de aquel arroyo amigable, donde tan solo hace unas horas, sumergí mi alma en las realidades maravillosas de la Inteligencia infinita.

Sé que mi Fe en la Inteligencia infinita es cierta y duradera. No es una Fe ciega. Más bien, está basada en el examen cuidadoso de su propia obra, expresado en el ordenamiento del universo.

Previamente había estado buscando en la dirección errona por la fuente de mi Fe. La había estado buscando en las cosas hechas por los hombres, en las relaciones humanas, en los balances de un banco, en las cosas materiales.

La hallé en una pequeña semilla, en un árbol gigante, en una piedrecita, en las hojas de un simple helecho, en un puñado de tierra fértil, en el sol que calienta la tierra y da movimiento a las aguas, en la estrella que sale al atardecer, en el silencio y en la calma al estar al aire libre.

Y me siento impelido a decir que la Inteligencia infinita se revela a sí misma más fácilmente por medio del silencio que por medio de las luchas del hombre en su locura por recolectar cosas materiales.

Mi cuenta bancaria se desapareció, mi banco colapsó, pero yo era más rico que muchos millonarios, porque yo había descubierto la manera de aproximarme hacia la Fe. Con este poder como respaldo, puedo conseguir otras cuentas bancarias suficientes para mis necesidades.

Soy más rico que la mayoría de los millonarios porque dependo de una fuente de fortaleza inspirada que se me manifiesta desde adentro, en contraste con la mayoría de los más adinerados porque ellos requieren ver sus estados financieros para sentirse poderosos y satisfechos.

La fuente de mi fortaleza es tan gratis y sin límites como el aire que respiro. Para obtenerla sólo tengo que acudir a mi Fe, la cual tengo en abundancia.

Así, una vez más, aprendí que toda adversidad trae con ella la semilla del beneficio equivalente. Mi adversidad causó la pérdida de mi cuenta bancaria. ¡Pero aquella pérdida fue recompensada por medio de la revelación que obtuve sobre la fuente de todas las riquezas!

La fuente de la Fe duradera

En esta declaración, usted encuentra el relato de cómo un hombre descubrió la manera de desarrollar su mente para la cualidad de la Fe.

¡Y qué historia tan emocionante! Emocionante por su sencillez.

He aquí a un hombre que halló una base sólida para edificar una Fe duradera; no en un balance bancario ni en riquezas materiales, sino en la semilla de un árbol, en las hojas de un helecho, en una piedrecita, en un arroyo; cosas que todos podemos ver y valorar.

Sin embargo, la observación de tales cosas lo condujo a reconocer que los grandes poderes son intangibles y que éstos se revelan por medio de las cosas pequeñas que nos rodean.

Yo relaté la historia de este hombre debido a que quería hacer énfasis en la forma como uno puede despejar su mente, aún en medio del caos y de dificultades aparentemente insuperables, y prepararla para la adquisición de la Fe.

El aspecto de mayor relevancia de esta historia es el siguiente:

Cuando se abre la mente de una actitud mental negativa, el poder de la Fe encontrar lugar en nosotros y llega a convertirse en parte de nosotros.

De seguro que ningún estudiante de esta filosofía pasará por alto este punto tan importante.

Ahora realicemos un análisis de la Fe, aún cuando debemos reconocer que la Fe es un asunto que ha desafiado el estudio del mundo científico.

A la Fe se le ha otorgado el cuarto lugar en esta filosofía porque consigue asemejarse a la representación de la "cuarta dimensión," aunque aquí se presenta por su relación con el tema del logro personal.

La Fe es un estado mental al que bien pudiera denominarse como "el motivo principal del alma," por medio del cual los objetivos, los deseos y las intenciones de uno pueden traducirse en el equivalente físico o financiero.

Anteriormente ya habíamos considerado que el poder puede conseguirse a través de la aplicación del (1) el hábito de Ir una milla extra, (2) la Claridad de propósito, y (3) la Mente maestra. Sin embargo, aquel poder es débil en comparación con lo que se puede obtener a través de la aplicación combinada de estos principios con el estado mental conocido como Fe.

Ya hemos considerado también que la capacidad de la fe es una de las doce riquezas. Ahora aprendamos las formas por los cuales esta "capacidad" puede llenarse con ese poder que ha sido la fortaleza de la civilización y la causa primordial del progreso humano, el espíritu guiador de todo esfuerzo humano constructivo.

Al final de este análisis recordemos que la Fe es un estado mental que puede ser obtenido, solamente por aquellos que han aprendido el arte de controlar plena y completamente sus mentes.

Esta es la única prerrogativa sobre la cual un individuo logra completo control.

La Fe expresa su poder solamente por medio de la mente que se ha preparado para ello. Sin embargo, esa preparación puede ser conocida y obtenida por aquellos que lo deseen.

Los fundamentos de la Fe son los siguientes:

(a) Claridad de propósito afirmada en la iniciativa y la acción personal.

(b) El hábito de ir una milla extra en todas las relaciones humanas.

(c) La alianza de una Mente maestra con una o más personas que irradien valor fundado en la Fe, y que estén apropiadamente dispuestas para saciar las necesidades de uno con un propósito en particular en mira.

(d) Una mente positiva, libre de negativismos, tales como el miedo, la envidia, la ambición, el odio, los celos y la superstición. (La actitud mental positiva es la primera y la más importante de las doce riquezas.)

(e) El reconocimiento del hecho que cada adversidad trae la semilla del beneficio equivalente. La derrota no es un fracaso mientras se acepte como tal.

(f) El hábito de confirmar el Propósito mayor definido en la vida de uno; haciendo esto en una ceremonia de reflexión, como mínimo una vez al día.

(g) El reconocimiento de la existencia de una Inteligencia infinita que le proporciona orden al universo; y de que todos los individuos son expresiones de un minuto de esta inteligencia, y que la mente de las personas no tiene limitaciones, excepto las que acepte y se asigne cada uno.

(h) Un inventario cuidadoso (en retrospectiva) de sus adversidades y derrotas pasadas, los cuales revelan la verdad de que aquellas experiencias portan una semilla de un beneficio equivalente.

(i) Auto respeto expresado en la tranquilidad y armonía de la propia conciencia.

(j) El reconocimiento de la particularidad de todo ser humano.

Las anteriores son las bases de la mayor importancia que preparan la mente para la adquisición de la Fe. El uso de estas no tiene como meta hacer que el individuo alcance algún grado de superioridad, más bien constituyen un llamado a la reflexión en la búsqueda de la verdad y de la justicia.

La Fe armoniza solamente con la mente que es positiva.

Es el "elixir" que proporciona poder, inspiración y acción a la mente positiva. Es la fuerza que hace que una mente positiva actúe como "imán", atrayendo la contraparte física del pensamiento que se expresa.

La Fe provee recursividad a la mente, permitiéndole sacar provecho a todo lo que se vive. La Fe reconoce oportunidades favorables en todos los momentos de la vida, hasta el punto en que la Fe provee los medios para transportar cada fracaso y derrota en un éxito de dimensiones equivalentes.

La Fe permite al hombre ingresar en los secretos profundos de la Naturaleza y le permite comprender el lenguaje de la Naturaleza según se expresa en las leyes naturales.

De esta clase de revelación es que se han elaborado todas las grandes invenciones que han sido útiles a la humanidad. Así también es que se ha conseguido entender mejor el camino hacia la libertad y la armonía en las relaciones del hombre.

¡La Fe hace posible lograr lo que el hombre piensa y cree!

Thomas A. Edison creía que podía producir una bombilla incandescente, y pese al hecho de que fracasó en más de 10.000 intentos, su Fe lo condujo a descubrir el secreto de lo que estaba buscando.

Marconi creía que la con energía del éter se podían producir vibraciones para transmitir el sonido sin el uso de cables. Su Fe lo sustentó por medio de varios fracasos hasta que fue recompensado con el triunfo.

Cristóbal Colón creía que el planeta era redondo y que encontraría tierra luego de cruzar un mar desconocido. Pese de las protestas de los incrédulos marineros zarpó hasta que fue recompensado por su Fe.

Hellen Keller creyó que aprendería a hablar, aunque había perdido las facultades del habla, de la vista y del oído. Su Fe le arregló el habla y le suministró agudeza en el sentido del tacto, probando así que la Fe puede y logra encontrar la forma de satisfacer los anhelos humanos.

Así que usted puede conservar la vista fija en el objeto de su deseo, y recuerde que no hay tal cosa como una Fe de muestra, ya que la fe es la demostración externa de la claridad de propósito.

La Fe es la guía que viene desde adentro. Es la fuerza guiadora que proviene de la Inteligencia infinita orientada hacia fines determinados. La Fe no atrae a la cosa que se anhela, sino que lo guía a uno a encontrar la manera como se puede alcanzar el cumplimiento de las metas.

¿Cómo desarrollar la fuerza de la Fe?

(a) Especifique lo que desea y establezca lo que dará a cambio por conseguirlo.

(b) Cuando exprese sus deseos por medio de la oración, inspire su imaginación obteniendo el objeto de su deseo, y actúe como si ya hubiera obtenido el cumplimiento de su deseo. (Recuerde, la posesión de cualquier cosa primero tiene lugar en la mente.)

(c) Conserve una actitud de mente abierta en todo momento y esté atento a recibir guía desde su interior. Cuando reciba inspiración a través de presentimientos para modificar sus planes o cambiarlos, hágalo sin vacilar y sin dudar.

(d) Cuando enfrente fracasos temporales, como de seguro sucederá varias veces, recuerde que la Fe del hombre es probada de varias maneras; tal vez el fracaso sea uno de sus "periodos de prueba." Por lo tanto, acepte el fracaso como una fuente de inspiración para emprender nuevos esfuerzos y continuar con la convicción de que se alcanzará el éxito.

(e) Los estados mentales negativos arruinan la capacidad de la Fe y resultan en el desenlace negativo de cualquier afirmación que se haga. Su estado mental lo es todo. Así que tome posesión completa de su mente y despójela de intrusos indeseados que contravengan a la Fe. Conserve su mente despejada, no importa cuánto cueste el esfuerzo.

(f) Aprenda a dar completa expresión a la fuerza de su Fe creando una descripción por escrito de su Propósito mayor definido en la vida y utilícela como base para su reflexión diaria.

(g) Relacione a su Propósito mayor definido los nueve motivos básicos (los cuales se consideraron en el capítulo primero) tanto como pueda.

(h) realice una lista de los beneficios y ventajas que espera recibir al obtener su Propósito mayor definido y piense en ellos a lo largo del día. Así logrará "hacer que su mente se haga consciente" de que la meta es alcanzable. (Esto es lo que se conoce como autosugestión.)

(i) Asóciese, tanto como sea posible, con personas que coincidan con su Propósito mayor definido; personas que estén en armonía con usted, e inspírelas para que le den ánimo de todas formas posibles.

(j) No deje que pase un solo día sin progresar hacia el logro de su Propósito mayor definido. Recuerde, "La Fe sin obras está muerta en sí misma."

(k) Elija una persona que haya demostrado autoconfianza y considérela como "la persona que fija el ritmo," y determínese a no ir solamente al ritmo de esa persona, sino también a superarlo. Realice esto de forma silenciosa, y no mencione su plan a nadie. (Hacer alardes suele resultar fatal para el éxito. La Fe no tiene nada en común con la vanidad ni el ego.)

(1) Coloque a su alrededor libros, fotos, murales u otros recordatorios que fortalezcan la Fe. Cree a su alrededor una atmósfera de prosperidad y logro. Este hábito suele conseguir excelentes resultados.

(m) Tome la política de nunca evadir o huir de las circunstancias desagradables. Afronte esas circunstancias sin miedos y contrarréstelas. Usted descubrirá que el reconocer ese tipo de circunstancias, sin miedos a sus consecuencias, constituye el noventa por ciento del éxito en la batalla por vencerlas.

(n) Reconozca el hecho de que toda cosa que vale la pena obtener tiene un precio por pagar. El precio que se paga por la Fe, entre otras cosas, consiste en la utilización constante de estas instrucciones. Su palabra clave aquí será ¡persistencia!

Los anteriores son los pasos que llevan al desarrollo y el mantenimiento de una actitud mental positiva, el mismo sobre el cual la Fe se fundamenta. Estos son los pasos que llevan a las riquezas, tanto mentales, espirituales y físicas. Alimente su mente con este alimento.

Estos también son los pasos a través de los cuales se prepara la mente para las mayores expresiones del alma.

La Fe en acción

Mantenga su mente con el alimento mencionado, cuando lo haga, observará que es más fácil acoger el hábito de Ir una milla extra

También será más sencillo mantener la mente sintonizada con lo que se anhela, con la perspectiva de que aquello se convertirá en realidad.

Como lo mencionó Emerson: "La clave de todo hombre son sus pensamientos." Eco es verdad. Todo hombre del hoy es el resultado de sus pensamientos del ayer.

Mientras que James J. Hill estaba sentado con su mano en la tecla de un telégrafo, esperando encontrar una "línea abierta," su mente tenía trabajo qué hacer. Estaba pensando en el sistema de ferrocarril transcontinental a través del cual esperaba hacer una apertura a los productos no comercializados del oeste de los Estados Unidos.

Hill no tenía dinero. No tenía amigos importantes. No tenía registro de mayores logros que lo acreditaran. Pero tenía Fe, el poder irresistible que no conoce tal cosa como lo "imposible."

Él redujo su Propósito mayor definido a escribir; y al hacerlo, no omitió dato alguno.

Usando el mapa de los Estados Unidos dibujó la ruta de su propuesta para el ferrocarril.

Dormía con el mapa debajo de su almohada. Lo transportaba dondequiera que fuera. Alimentó su mente con el deseo de alcanzar su "sueño", hasta que lo transformó en realidad.

La mañana siguiente luego del gran incendio que consumió la parte comercial de la ciudad de Chicago, Marshall Field vino para sentarse donde el día anterior estaba su tienda de ventas al detal.

Junto a él había grupos de comerciantes cuyos negocios también habían sido destruidos. Él escuchó sus conversaciones y se dio cuenta de que se habían dado por vencidos y que muchos de ellos ya habían tomado la decisión de marcharse al oeste para empezar de nuevo otra vez.

Llamando a los que estaban más cerca de él les dijo:

"Caballeros, ustedes pueden hacer de acuerdo a lo que cada uno decida, pero en cuanto a mí yo he decidido permanecer aquí.

Allá donde ustedes observan las ruinas humeantes de lo que alguna vez fue mi tienda voy a construir la tienda de ventas al detal más grande del mundo."

La tienda que el señor Hill construyó sobre la base de su Fe aun permanece en pie en la ciudad de Chicago.

Personas como los que hemos mencionado han sido los pioneros que han generado nuestro gran sistema de vida americano.

Nos proporcionaron nuestros sistemas de ferrocarriles y nuestros sistemas de comunicaciones.

Nos proporcionaron el cine, las máquinas para comunicaciones, los aviones, los rascacielos construidos con acero, el automóvil, las carreteras, los electrodomésticos caseros, las plantas hidroeléctricas, los rayos X, las instituciones de inversión y de banca, las compañías de seguros. Sí, y lo más importante, prepararon el camino, para que a través de su Fe, cada uno de nosotros gozáramos de libertad como ciudadano americano.

El progreso humano no es un asunto de casualidad o de suerte. Es el resultado de la fe empleada, expresada por quienes han preparado sus mentes, a través de los diecisiete principios de esta filosofía, para la demostración de la Fe.

El espacio que cada hombre utiliza en el mundo se mide por la Fe que expresa en relación con sus metas y propósitos.

Acordémonos siempre esto quienes deseamos a disfrutar de la libertad y a las riquezas.

Recordemos también, que la Fe no establece límites en cuanto a la libertad o a las riquezas que se puedan alcanzar; más bien, guía a cada hombre hacia la realización de sus ambiciones, sean éstas grandes o pequeños.

Y a pesar que la Fe es un poder que los científicos no pueden comprender, está al alcance de la comprensión de los más sencillos ya que es una posesión accesible a toda la humanidad.

Todo lo que se requiere para desarrollar esta Fe son los puntos explicado en este capítulo, y ninguno de sus preceptos es difícil de alcanzar en cualquier circunstancia.

La Fe comienza teniendo claridad de propósito, entra en funcionamiento en una mente que se ha capacitado para alcanzarla cuando se desarrolla una actitud mental positiva. Alcanza su mayor desarrollo con la acción física conducida hacia el logro de un propósito definido.

Toda acción física voluntaria se inspira en uno o más de los nueve motivos básicos. No tiene que ser difícil para uno desarrollar Fe en conexión con la búsqueda de sus deseos.

Cuando un hombre está motivado por el amor sus sueños rápidamente toman alas por medio de la Fe, a lo que lo lleva la acción. Y la acción se transforma en la obra del amor, la cual es una de las Doce riquezas.

Cuando un hombre obra de esta forma las horas del día no son suficientes para hacer su trabajo y aunque trabaje muy fuerte su fatiga será mitigada por el gozo de la propia expresión, la cual es una de las Doce riquezas.

De esa forma, cuando un hombre prepara su mente para la propia expresión personal mediante la fe, vence uno a uno los obstáculos que se le presentan en la vida y como resultado alcanzar el éxito se hace inevitable. El gozo se transforma en la corona de sus esfuerzos. Y de ninguna forma siente inclinación hacia el odio.

La armonía en las relaciones humanas llega a ser algo usual para él. Su esperanza hacia el logro es grande y progresiva, esto lo consigue porque él se ve a sí mismo en posesión del objeto de su propósito definido. Llega a poseer una actitud de mente abierta en todo, lo cual supera a la intolerancia.

La autodisciplina llega a ser tan natural para este hombre como el hábito de comer. También llega a comprender a la gente porque la ama, lo que lo hace presto a compartir sus bendiciones.

Este hombre no conoce el miedo, porque sus miedos han sido superados a causa de su Fe. Las Doce riquezas llegan a ser su propiedad.

La Fe se transforma en una expresión de gratitud del hombre hacia el creador. El miedo se transforma en un reconocimiento de las fuerzas del mal y denota falta de fe en el creador.

La mayor riqueza de la vida consiste en entender los cuatro principios que hemos mencionado. A estos principios se les denomina como "los cuatro grandes" de esta filosofía dado que son la parte esencial de las piedras de fundamento de la Llave maestra del poder del pensamiento y de los secretos íntimos del alma.

¡Utilice conscientemente la Llave maestra y será libre!

Algunos a los que se les ha revelado la Llave maestra

En una cabaña de troncos en Kentucky un joven estaba cerca de la chimenea aprendiendo a escribir usando un trozo de madera y un pedazo de carbón.

A su lado se encontraba su madre animándole a siguiera intentándolo.

Con el tiempo el joven se convirtió en un hombre que no parecía tener futuro de grandeza.

Con el tiempo, el hombre realizó estudios de leyes e intentó ganarse la vida con su profesión. Sin embargo su progreso fue poco.

Intentó trabajar como comerciante pero no consiguió éxito alguno.

Entró al ejército pero no tuvo ningún logro sobresaliente allí. Todo en lo cual ponía su mano parecía esfumarse y fracasar.

Entonces el amor ingresó en su vida. Sin embargo, terminó cuando la mujer a la que amaba murió. Sin embargo, la angustia de la pérdida caló muy hondo en el alma del hombre lo cual lo llevó a encontrar la fuerza secreta que desciende del interior.

Él se agarró a esta fuerza y comenzó a ponerla en funcionamiento. Aquello lo llevo a convertirse en presidente de los Estados Unidos de América. Este hombre impidió que la Unión Americana se disolviera durante un tiempo de gran dificultad nacional.

Este Gran Emancipador es ahora un ciudadano del universo, pero el espíritu de su alma, el espíritu que saco el poder secreto desde el interior de su propia mente, sigue estando activo.

De manera que el poder que tienen los hombres en su interior no conoce condición social. Está disponible tanto a los pobres y humildes como a los ricos y poderosos, No precisa ser traspasado de una persona a otra. Más bien, es una posesión de todos los que desarrollan su habilidad de pensar. No puede ser puesto a su favor por acción de otra persona sino solamente su propia iniciativa. Debe obtenerse desde el interior, y es gratis para todo aquel que se apropia de él.

Ahora, es posible que algunos deseen preguntar, ¿Por qué se introduce el miedo en las mentes de los hombres y bloquea su acceso al poder secreto del interior, el cual, cuando es reconocido proyecta a los hombres a alcanzar sus metas? ¿Cómo y por qué se convierten en víctimas la mayoría de las personas de un ritmo hipnótico que inhibe su capacidad de utilizar el poder secreto de sus mentes? ¿Cómo se puede romper este ritmo? ¿Cómo puede uno conectarse al poder secreto que sale de su interior? Tomaremos en cuentas a continuación cómo algunos han logrado dar respuesta a estos interrogantes.

Un sacerdote joven de nombre Frank Gunsaulus había anhelado durante mucho tiempo construir un nuevo tipo de universidad. Él sabía muy bien lo que quería, sin embargo, el obstáculo consistía en el hecho que precisaba un millón de dólares en efectivo.

A pesar de eso, él se propuso conseguir el millón de dólares. El primer paso de su plan consistió en tener claridad de decisión, basada en claridad de propósito.

Entonces escribió un discurso llamado "¿Qué haría yo con un millón de dólares?", y anunció en el periódico que pronunciaría el discurso el domingo siguiente.

Al terminar el discurso apareció un hombre al cual el predicador nunca antes había visto, caminó hacia el púlpito, le dio su mano y dijo: "Me gustó su sermón.

¿Puede venir a mi oficina mañana en la mañana? Le daré el millón de dólares que necesita."

Aquel hombre era Phillip D. Armour, el fundador de Armour & Company. Su dádiva fue el principio de Armour School of Technology, uno de los colegios más grandes del país.

Ese es un corto resumen de lo que sucedió. Lo que en un principio surgió en la mente del sacerdote lo motivó a buscar más allá; fue así como encontró el poder secreto disponible solamente a través de la mente. Es algo de lo cual no se puede conjeturar. Sin embargo, el modus operandi por el cual ese poder fue estimulado fue la Fe aplicada.

Al poco tiempo de nacer, Hellen Keller sufrió de una aflicción física que le afectó la vista, el oído y el habla. Con los dos sentidos que le quedaban Hellen enfrentó la vida con problemas que la gran mayoría de personas nunca experimentarán en la vida.

Con la ayuda de una mujer bondadosa que conocía de la existencia del poder secreto que proviene desde adentro, Hellen comenzó a reconocer el poder y a usarlo. En sus propias palabras, Hellen nos da una clave definitiva sobre una de las condiciones por medio de las cuales el poder se da a conocer.

La señora Keller dijo: "La fe, correctamente entendida, es activa y no pasiva. La fe pasiva no es más que una fuerza que se tiene, parecido a un ojo que tiene la capacidad de ver, pero que nada consigue si no se esfuerza por mirar. La fe activa no conoce el miedo. Niega la desesperanza. Cuando se haya fortalecido por la fe, el más endeble de los mortales es más poderoso que la tragedia." La Fe, respaldada por la acción, fue el instrumento a través del cual la señora Keller superó su aflicción de modo que pudiera tener una vida útil.

La fuente del poder secreto

Analice las páginas de la historia y verá que éstas revelan que los hombre y mujeres que trascendieron consiguieron su poder secreto de su interior, con la fe utilizada como la Llave maestra. Considere, también, que los grandes logros nacieron de la dificultad y de la lucha contra obstáculos que parecían infranqueables, obstáculos que accedieron a la voluntad indomable respaldada por una fe persistente.

Y aquí en una frase sencilla -voluntad indomable resguardada por una fe persistente- usted tiene la clave más importante que lleva al descubrimiento de la puerta de la mente, detrás de la cual se oculta el poder que viene desde adentro.

Los hombres que acceden al poder secreto y lo usan para la solución de sus problemas frecuentemente son considerados "soñadores"; pero tenga en cuenta que ellos protegen sus sueños con acciones.

Cuando Henry J, Kaiser estaba construyendo la gran Represa Hoover en Nevada, dio parte del trabajo, en un subcontrato, a Robert G. LeTourneau. Al principio todo transcurrió sin inconveniente y todo apuntaba a que ambos iban a hacer mucho dinero.

Pese a eso, como sucede con frecuentemente en la vida, los inconvenientes comenzaron cuando uno de los equipos de trabajo se encontró inesperadamente con una dura capa de granito.

LeTourneau prosiguió adelante con su trabajo con la esperanza de que la dura capa no fuera tan gruesa. Así siguió con su trabajo hasta cuando comenzó a experimentar problemas de dinero.

Mientras tanto LeTourneau exploró la piedra con un taladro profundo y descubrió que era muy gruesa. Con mucha vacilación tuvo que reconocer que había sido derrotado momentáneamente.

Sus amigos le recomendaron que se declarara en bancarrota para que pudiera empezar de nuevo en otra área de negocios.

A pesar, él resueltamente dijo: "No me declararé en bancarrota. Perdí mi dinero en el suelo y lo conseguiré de nuevamente de allí, y cuando lo haga pagaré cada centavo que debo."

En aquellas palabras LeTourneau expresó algo muy digno de recalcar.

Expresó claridad de propósito y fe en su habilidad de traducir ése propósito en una victoria a pesar de la derrota.

Más tarde el señor LeTourneau mencionó: "En mi hora de gran tristeza, encontré mi mayor bien en la forma de un nuevo compañero. Llevaba conmigo a mi socio cuando iba a hacer negocios. Yo hacía el trabajo de la fuerza y mi socio me señalaba cómo hacerlo. Su nombre es Dios."

Su socio lo condujo a lugares extraños donde encontró los medios para empezar nuevamente. Con las varillas de las cortinas de su esposa y algunas piezas de automóviles desechadas construyó su primer raspador de suelos. El aparato funcionó pero no era lo suficientemente grande para justificar su uso. De manera que LeTourneau fue a un cementerio de automóviles donde encontró mejores partes para construir una segunda máquina. Está fue mucho mejor que la anterior, sin embargo, todavía estaba faltaba para tener un uso comercial.

"¿Qué hago ahora?," preguntó LeTourneau al socio de la firma. Entonces consiguió una pronta respuesta. "Haga un préstamo y construya una verdadera máquina con materiales nuevos."

LeTourneau hizo justamente así. Y desde aquel momento en adelante comenzó a ver el brillo del éxito y de la fortuna. Así encontró la "semilla de un beneficio equivalente" la cual vino primero con su derrota en Nevada, pero que posteriormente germinó en una flor de éxito.

Primero construyó una planta en Peoria, Illinois. Allí produjo equipo para la remoción de suelos en gran escala. Luego, construyó una planta parecida en Toccoa, Georgia. Más tarde construyó otra planta en Vicksburg, Misisippi y al final otra en Longview, Texas.

Yo tuve la oportunidad de asociarme con el señor LeTourneau durante dieciocho meses, así puede comprender de primera mano qué fue lo que lo hizo "fuerte." Para mí no era difícil aceptar la declaración del señor LeTourneau de que su éxito se debía a su relación con Dios. Lo que quería saber era cómo y cuándo había contactado este gran industrial a su socio.

Una noche mientras LeTourneau y yo regresábamos a Toccoa de un compromiso discursivo, se evidencio el secreto que había deseado conocer. Poco después de que su avión privado despegara, el señor LeTourneau se dispuso a descansar plácidamente en un sofá. En cuestión de minutos estaba durmiendo profundamente. Después de unos treinta minutos el señor LeTourneau se despertó de nuevo, se apoyó sobre su codo, sacó un pequeño libro de su bolsillo y comenzó a escribir varias líneas en él. De vez en cuando miraba por la ventanilla de avión a medida que continuaba con su libro.

Esto aconteció en muchas veces antes de que el avión aterrizara en Toccoa. Luego de aterrizar le pregunté al señor LeTourneau si recordaba haber escrito las notas en el libro.

"No," exclamó el señor LeTourneau, "¿Yo escribí notas?," dijo. Entonces sacó el libro de su bolsillo, lo miró por unos minutos y dijo, "Allí está. Allí está. He estado aguardando por esto durante más de un mes. Allí está. La información que requería antes de continuar adelante."

Abordamos el automóvil y enseguida fuimos a la casa del señor LeTourneau. No cruzamos conversación alguna durante el camino.

Sin importar lo que uno piense de la afirmación del señor LeTourneau de su relación con Dios hay dos aspectos que se recalcan significativamente, que no pueden ser pasados por alto.

En primer lugar, el señor LeTourneau fracasó en los negocios y perdió su dinero en circunstancias que hubieran impedido a una persona promedio de intentarlo nuevamente en la misma área de trabajo.

En segundo lugar, que él se recuperó, a pesar de su casi total falta de formación académica y que llegó a transformarse en uno de los hombres de negocios más ricos y exitosos de América.

En cuanto a cómo y cuándo contacto el señor LeTourneau a su socio, también conseguí la respuesta. El contacto se realizó por medio de la mente subconsciente del señor LeTourneau, donde él dibujó una imagen mental de lo que quería y la respaldó con completa fe, sabiendo que conseguiría sus metas al debido tiempo.

No hay nada de sorprendente en el método. Y puede ser utilizado por cualquiera que tenga claridad de propósito y muestre fe aplicada como lo hizo el señor LeTourneau.

Una de las características de la "fe, correctamente entendida," es que generalmente aparece luego de que una gran emergencia obliga a los hombres a buscar más allá del poder común a fin de dar solución a sus problemas.

Es durante las emergencias que obtenemos el poder secreto, el cual no conoce una resistencia superior que lo pueda derrotar.

Emergencias como las que enfrentaron los sesenta y seis hombres que dieron comienzo a esta nación cuando firmaron la Declaración de Independencia.

Aquello fue "fe activa, correctamente entendida," ya que cada hombre que firmó el documento comprendía que su firma se podía transformar en su sentencia de muerte. Afortunadamente, se convirtió en una garantía de libertad para toda la humanidad bajo su dominio, y hasta pueda transformarse en una licencia para la libertad del mundo entero.

Los beneficios del documento fueron proporcionados por el peligro que tomaron los que lo firmaron. Los firmantes arriesgaron su vida, sus fortunas, y sus derechos a la libertad, los cuales constituyen los mayores privilegios de un hombre, y lo hicieron sin ningún tipo de reserva de su parte.

Una fe probada

En lo anterior se recomienda que con frecuencia la fe es probada y es allí donde los hombres pueden medir su capacidad de demostrar una fe activa. Para que ésta sea efectiva debe estar completamente dispuesta para arriesgar lo que sea preciso; es decir, la libertad, la fortuna material y hasta la vida misma. La fe sin riesgos es una fe pasiva, y como lo declaró Hellen Keller es "semejante a un ojo que tiene la capacidad de ver, pero no lo consigue si no se esfuerza por mirar."

Ahora veamos los registros de algunos líderes que surgieron luego de la Declaración de Independencia, ejemplos que demuestran la fe en acción.

Ellos también descubrieron el poder que se origina desde el interior, lo exteriorizaron y lo aplicaron, transformando el desierto en la "cuna de la democracia".

Hombres como James J. Hill, que alejó las fronteras del oeste, haciendo cercanos el Atlántico y el Pacífico por medio del sistema ferroviario transcontinental.

Personajes como Lee De Forest, quien perfeccionó los medios mecánicos para que la fuerza inagotable del éter fuera usados como medio de comunicación instantánea por medio de la radio.

Y Thomas A. Edison, quien empujó a la civilización miles de años con el perfeccionamiento de la bombilla incandescente, el teléfono y tantas otras invenciones necesarias que aligeran las cargas del hombre y que proveen entretenimiento y educación.

Personas como estas y otros de su clase, fueron personas de fe activa. A veces los llamamos "genios" pero se negaron a aceptar ese honor porque reconocieron que sus logros fueron el resultado del poder secreto que viene desde adentro, el cual está disponible a todo el que lo acoja y lo use.

Todos sabemos de los logros de estos grandes líderes; sabemos de sus reglas para conseguir el éxito, y sabemos de la naturaleza y el importancia de las bendiciones que su trabajo proporcionó a la gente de este país, haciéndolo el más libre y rico del mundo.

Angustiosamente, no todos conocen las limitaciones que estos hombres enfrentaron al realizar su trabajo, las vallas que tuvieron que vencer y el espíritu de fe activa con que llevaron a cabo su misión.

Sin embargo, podemos estar seguros de esto: "Sus logros fueron en proporción justa a las emergencias que tuvieron que sobrepasar. "

Enfrentaron la oposición de aquellos que estaban destinados a beneficiar la mayoría de sus luchas; personas que, debido a la carencia de fe, siempre vieron con desconfianza y duda lo que les parecía nuevo y desconocido.

Las emergencias de la vida frecuentemente ponen a los hombres en el cruce de dos caminos, donde son forzados a elegir en cual van a andar. Un camino es el de la Fe y el otro es el del Miedo.

¿Qué hace que la mayoría escoja el camino del Miedo? La decisión depende de la actitud mental de uno.

El hombre que se dirige el camino de la Fe es el que ha preparado su mente para creer, lo ha hecho paso a paso. Por decisión presta y valerosa en las cosas pequeñas que transcurren a diario. El hombre que escoge el camino del Miedo lo hace porque ha descuidado su preparación mental de ser positivo.

En la ciudad de Washington un hombre se sienta en una silla de ruedas con una lata y un manojo de lápices en sus manos, consiguiendo su humilde sustento de las donaciones. La excusa para hacerlo es que tiene una discapacidad en sus piernas, por parálisis infantil. Pese a eso, su mente no está discapacitada. En otros sentidos es fuerte y saludable. Pero su decisión le llevo a tomar el camino del Miedo cuando el terror de la incapacidad se apoderó de él. Como resultado hasta su mente se atrofia por el desuso.

En otro lugar de la misma ciudad está otro hombre afectado por la misma discapacidad. Él también sufrió la pérdida del uso de sus piernas. Sin embargo, su reacción ante la pérdida fue totalmente distinta. Cuando llegó al cruce de caminos donde se vio forzado a tomar una decisión escogió el camino de la Fe, lo que lo llevó directamente a la Casa Blanca a ocupar la posición más elevada.

Lo que perdió por su discapacidad de sus miembros, lo ganó en el uso de su mente y el dominio de su voluntad, y es un asunto para mantener en los registros que su discapacidad de ninguna manera le impidió llegar a ser uno de las personas más activas que han ocupado el cargo de Presidente.

La diferencia de estos dos hombres es colosal. Pero que nadie se engañe sobre la causa de tal diferencia, porque es solamente un asunto que se limita a la actitud mental. El primer hombre eligió el Temor como su guía. El segundo escogió la Fe.

Cuando se toman en cuenta las circunstancias que elevan a algunos hombres a conseguir grandes logros en la vida en contraste con las de otros que experimentan penuria y necesidad, con toda probabilidad sus condiciones reflejarán posiciones opuestas respecto a su actitud mental. Algunos eligen el camino de la Fe, otros el del miedo; y asuntos como la educación, la experiencia, y las habilidades, se transforma en asuntos de importancia secundaria.

Thomas A. Edison tenía todas las excusas para transformarse en un marginado, en un bueno para nada, en un don nadie, cuando su profesor lo envió de vuelta a casa al término de tres meses en la escuela con una nota en la que decía que era un joven con mínimas posibilidades, que no aprendía con facilidad. Y eso fue lo que justamente ocurrió al principio durante algún tiempo. Edison hacía trabajos pequeños, vendía periódicos, y reparaba cosas, hasta que llegó a convertirse en lo que comúnmente se conoce como "todero," pero no siendo bueno en nada en particular.

Sin embargo, en la mente de Thomas A. Edison ocurrió algo que hizo su nombre inmortal. Mediante de algún proceso desconocido que nunca reveló, descubrió el secreto del poder que proviene desde dentro. Tomó posesión de éste, lo asumió, y el resultado fue que en vez de transformarse en un hombre de pocas posibilidades, se convirtió en el genio de la invención. Ahora, cuando quiera que veamos una bombilla eléctrica o escuchamos un fonógrafo, o vemos una película, recordamos que estamos ante el producto del poder secreto que procede de adentro, el cual también está disponible para nosotros lo mismo que lo estuvo para con Edison. Además, tendríamos que sentirnos completamente avergonzados, si por descuido o por indiferencia, no hacemos el uso adecuado de ese gran poder.

El poder que proviene desde el interior

Una de las características más extraordinarias del poder secreto que proviene desde el interior es que ayuda a los hombres a alcanzar cualquier cosa que se hayan propuesto. En otras palabras, convierte en realidad los pensamientos dominantes de uno.

En la pequeña ciudad de Tyler, Texas, un jovencito entró en una tienda de víveres donde estaban sentados unos hombres vagando al lado de una estufa. Uno de ellos se fijó en el joven y le preguntó, "Hey, Sonny, ¿qué vas a hacer cuando seas adulto?"

"Les contaré lo que seré; voy a ser el mejor abogado del mundo," contestó el joven, "Eso es lo que seré por si ustedes querían saber." Los hombres se comenzaron a reír. El joven tomó sus víveres y salió con tranquilidad de aquella tienda.

Tiempo después cuando los hombres se reían, lo hacían por una razón distinta. Aquel chico llegó a transformarse en la autoridad más reconocida del mundo legal y su pericia en las leyes lo llevó a tener un ingreso superior al del Presidente de los Estados Unidos.

El nombre del joven era Martin W. Littleton. Él también descubrió el secreto del poder que proviene de la mente, y ése poder lo llevó a fijar un buen precio a cambio de los servicios que prestaba.

En cuanto a lo que respecta al conocimiento de leyes, hay miles de abogados que probablemente sean tan idóneos como Martin W. Littleton. Pese a eso, pocos de ellos están haciendo más que ganarse el sustento dado que no han descubierto que hay algo que proporciona éxito en la profesión de abogado que jamás se enseña en las facultades de leyes.

El punto puede alargarse a todas las profesiones. En todo ámbito surgen unos pocos que suben a la cima, mientras los demás a su alrededor nunca superan la mediocridad.

Los que logran el éxito suelen ser denominados como "individuos con suerte." Y en verdad, son afortunados. Sin embargo, tenga presente que su "suerte" consiste en el poder que viene desde su interior, el cual ellos han aplicado por medio de una actitud mental positiva; es decir, mediante la determinación a seguir el camino de la Fe en vez del camino del Miedo y de la autolimitación.

El poder que viene desde el interior no reconoce tal cosa como las barreras permanentes.

Más bien, transforma la derrota en un desafío hacía un propósito mayor.

Remueve las limitaciones auto impuestas tales como el miedo y la duda. Y por sobre de todo, no impone notas indelebles sobre el registro de los hombres, que no puedan ser tachadas.

Cuando se afronta cada día con la ayuda del poder que viene desde adentro, se nos revelan oportunidades de obtener el logro personal, el cual no debe ser cargado, bajo ninguna circunstancia, con el peso de los fracasos anteriores.

El poder que proviene desde el interior no favorece a ninguna raza o creencia por sobre de otra. Tampoco está ligado a algún tipo de arbitrariedad que obligue al hombre a permanecer en la pobreza aún cuando haya nacido en condiciones de pobreza.

El poder que proviene desde el interior es el instrumento a través del cual los efectos de la Fuerza de habitación cósmica, puedan cambiarse de negativo a positivo en un segundo.

El poder que se origina desde adentro no reconoce precedentes, no continua ninguna regla dura ni rígida. Convierte en reyes nobles a los humildes de según su voluntad.

Brinda el único camino a la obtención de los derechos y las libertades personales.

Repone la salud cuando todo lo demás falla, en completo desafío a las reglas de la ciencia médica actual.

Cierra las heridas de la angustia y el desengaño, sin importar cuál sea su causa.

Trasciende a toda experiencia humana, a todo tipo de educación y a todo el conocimiento utilizable a la humanidad.

Y su único precio fijo es el de la fe estable, fe activa aplicada.

También fue la inspiración del poeta que escribió:

> "No es extraño que príncipes y reyes
> y payasos que saltan en anillos de aserrín;
> y personas habituales, como tú o como yo,

seamos constructores de la eternidad."
"A cada uno se le entrega un libro de reglas,
un bloque de piedra y una bolsa con herramientas;
cada uno deberá moldear antes de que el tiempo pase,
lo que se convertirá en su piedra de tropiezo o su piedra de apoyo."

De manera que procure hacer relación con el poder secreto que proviene desde adentro; cuando lo encuentre, habrá descubierto su verdadero ser -aquel "otro ser" que hace uso de toda experiencia de la vida.

Cuando lo haga, fabricará la mejor trampa para ratones, escribirá un mejor libro, predicará un mejor sermón, el mundo labrará una senda hasta su puerta, lo reconocerá y lo recompensará apropiadamente, no importa quién sea usted o cual haya sido la naturaleza o la importancia de sus desaciertos pasados.

¿Y si usted fracasó en el pasado?

En algún momento, todo hombre que ha tenido éxito, ha enfrentado también la derrota de una o de otra manera.

Sin embargo, ellos no lo denominamos derrota; la llamaron "derrota temporal."

Con la ayuda de la luz que resplandece desde adentro, todos los hombres verdaderamente grandes han enfrentado el fracaso temporal como lo que verdaderamente es -un desafío para realizar un mayor esfuerzo protegido por una fe mayor.

Cualquiera puede darse por vencido cuando la lucha se hace más fuerte.

Cualquiera puede sentir tristeza cuando experimenta una derrota temporal. Pero la autocompasión no hace parte del carácter de los hombres a los que el mundo denomina como grandes.

El poder que viene del interior no tiene relación con la autocompasión. Tampoco con el miedo, la cobardía, la envidia o el odio. Ni mucho menos con la avaricia o la ambición.

No, el "otro ser" no da atención a aquellas cosas negativas.

Más bien se manifiesta por medio de la mente que ha sido despejada de modos mentales negativas. ¡Y prospera en la mente dirigida por la fe!

Superando el fracaso

Lee Braxton de Whiteville, Carolina del Norte, acepta que conoció la pobreza cuando era muy pequeño, y con mucho esfuerzo se las arregló para finalizar su sexto año en la escuela. Él era el décimo hijo de una familia de doce y se vio obligado desde muy pequeño a ganarse la vida. Su padre era el herrero del pueblo.

Braxton emboló zapatos, hizo entregas a domicilio, vendió periódicos, lavó automóviles, y trabajó como ayudante de mecánica. Trabajó muy duro hasta que se transformo en el encargado de un almacén.

Trabajó muy duro por cada cosa que logró, hasta que un día se casó, compró una casa y consiguió un ingreso apropiado para sustentar a su familia sin mayores lujos.

No obstante, comenzó a buscar "la semilla del beneficio equivalente" y la encontró en el libro Piense y hágase rico. Antes de finalizar el libro su actitud mental comenzó a cambiar de negativa a positiva. Para el tiempo de terminar su lectura programó un plan y trabajo para lograrlo.

Por medio de las páginas del libro Lee Braxton conoció al ser viviente más importante "su otro yo." Un ser al cual no había conocido previamente. El ser que no reconoce la derrota permanente, ni el fracaso, ¡jamás!

Desde aquel día, Braxton hizo su descubrimiento de su verdadero ser interior, todo lo que tocaba se convertía en oro o en algo mejor que el oro. Braxton organizó el First National Bank de Whiteville y se transformó en su primer presidente. Después construyó el mejor hotel de Whiteville, una estructura reluciente digna de cualquier ciudad. También fundó una compañía que financiaba la venta de automóviles, y también otra compañía que vendía y repartía repuestos para automóviles. Luego creó una tienda de venta de instrumentos musicales, y construyó una de las mejores casas de Whiteville.

Más adelante, la gente de Whiteville lo selecciono como el Alcalde de la ciudad y se decía que no había un solo negocio o industria en el pueblo que no hubiera recibido alguna forma de beneficio de su influencia o de sus operaciones comerciales.

Su barco de la fortuna navegó tan bien que a la edad de 50 años pudo irse del negocio con muchísimo más dinero del que pudiera precisar. Vendió todos sus negocios y se puso a disposición de un reconocido evangelista como gerente de radio y televisión.

En poco tiempo, además, el programa del evangelista comenzó a transmitirse en muchas estaciones radiotelevisivas en casi cada rincón de los Estados Unidos.

Aunque su historia alaba generosamente al libro Piense y hágase rico, tengo que decir que Lee Braxton ya tenía las características esenciales del éxito antes de leer el libro, tal como usted también y todo lector de esta historia poseen las características esenciales para el éxito, de cualquier naturaleza que se quiera obtener.

El libro distanció su mente del infortunio y le dio la oportunidad de conocer las riquezas ocultas que poseía en el poder de su mente. Un poder que puede convertirse en cualquier cosa material que se desee, El libro mencionado le hizo reconocer a Braxton la poderosa fuerza que se encontraba dentro de él. Él reconoció la existencia de esa fuerza, la tomó y la orientó hacia los fines de su propia elección.

Y en eso se sintetiza toda historia de éxito.

Cuando la AMP (actitud mental positiva) toma el control, el éxito no se hace esperar y la derrota no es más que una simple experiencia que lo motiva a uno a hacer un mayor esfuerzo. Lee Braxton aplicó esta verdad y se benefició de ello. Y debido a que actuó en consonancia con lo que aprendió, pudo decir: "No existe cosa material bajo los cielos que yo desee, que no pueda obtener."

Braxton hizo que la vida le recompensara bajo sus propios términos, se involucró con el trabajo que más le gustaba y encontró paz mental.

¿No es cierto que esta sea la filosofía del logro que el mundo requiere?

No obstante es una vindicación de los antiguos principios que dirigen a los hombres a descubrir el poder de adentro que es capaz "mueve montañas."

El poder que ha conducido a la formación de grandes líderes en todo ámbito de la vida en toda generación aún está disponible.

Hombres de visión y de fe que han superado las fronteras de la ignorancia, la superstición y el temor, han producido lo que conocemos como civilización.

La fuerza no se viste de misterios, tampoco efectúa milagros; opera por medio de los esfuerzos diarios de los hombres y se refleja en toda manera de servicio que se rinde a favor de la humanidad.

Es una fuerza que reciben muchísimos nombres, pero su naturaleza jamás cambia, sin importar el nombre por el cual se le reconozca.

Y funciona mediante de un medio. Ése medio es la mente.

Y se expresa en los pensamientos, las ideas, los planes, y los propósitos de las personas y lo que mejor podemos decir respecto a esta, es que es tan gratis como el aire que respiramos y tan inmensa como el alcance y el espacio del universo.

Capítulo nueve
LA LEY UNIVERSAL DE
LA FUERZA DEL HÁBITO

El hábito es un cable; nosotros tejemos
un hilo de este cada día, hasta que llega
el momento en que éste no puede romperse.
-Horace Mann

Ahora, hemos llegado al análisis de la más importante de todas leyes de la Naturaleza, la Ley universal de la fuerza del hábito.

Dicho brevemente, la Ley universal de la fuerza del hábito es el método mediante el cual la naturaleza hace permanentes los hábitos de modo que estos se realicen automáticamente, ya sean los hábitos de los hombres o del universo.

Todo hombre está donde está y es lo que es debido a sus hábitos, pensamientos y hechos. El propósito de esta filosofía es ayudar al individuo a desarrollar la clase correcta de hábitos que lo guiaran desde el lugar donde se encuentra al lugar donde desea llegar.

Los hombres de ciencia y muchos hombres corrientes saben que la Naturaleza mantiene siempre en perfecta armonía todos los elementos de materia y energía; que el universo entero funciona con un estricto sistema de orden, y que sus hábitos, nunca se alteran por el comportamiento humano. Existen cinco realidades del universo y estas son: (1) el tiempo, (2) el espacio, (3) la energía, (4) la materia, y, (5) la inteligencia. Siendo esta última la que moldea las demás realidades en un sistema de orden basado en hábitos fijos.

Estos son los materiales de construcción de la naturaleza con los cuales se puede crear tanto un grano de arena como la estrella más inmensa del universo, y cualquier otra cosa conocida por el hombre o que el ser humano pueda concebir.

Éstas son las realidades conocidas. No obstante, no todo el mundo es consciente del hecho de que la Ley universal de la fuerza del hábito constituye una aplicación de la Energía a través de la cual la Naturaleza mantiene la relación entre los átomos de la materia, las estrellas y los planetas en continuo estado de movimiento hacia delante, hacia un destino desconocido. En esta fuerza están involucradas las estaciones del año, el ciclo del día y la noche, la salud y la enfermedad. La Ley universal de la fuerza del hábito es el medio a través del cual todos los hábitos y todas las relaciones humanas se mantienen en diferentes grados de permanencia, y también la forma como el pensamiento puede transformarse en su equivalente material en respuesta a los deseos y a los propósitos de los individuos.

Estas son verdades demostrables y dichosa es la hora en que uno descubre la verdad contundente de que el hombre es simplemente un instrumento a través del cual poderes superiores a él se proyectan a sí mismos. La totalidad de esta filosofía está diseñada para conducirlo a uno a ese importante descubrimiento y lograr que a través de ese conocimiento uno actúe en armonía con esas fuerzas invisibles del universo que lo pueden guiar al lado exitoso del río de la vida.

La hora de este descubrimiento lo deberá llevar a uno a obtener la Llave maestra de la riqueza.

La Ley universal de la fuerza del hábito es el controlador de la Naturaleza mediante el cual se coordinan, organizan y administran de manera ordenada las demás leyes naturales. Por ende es la más importante de todas las leyes naturales.

Los planetas y las estrellas se mueven con tanta precisión que los astrónomos son capaces de predecir con exactitud la ubicación de unos con respecto a los otros hasta con años de anticipación.

También vemos las estaciones del año ir y venir con regularidad inalterable.

Vemos que una secuoya crece de una pequeña semilla y un pino proviene de la semilla de su ancestro. De la semilla de una secuoya nunca crece un pino ni viceversa. Sabemos que nada sucede si no tiene un precedente en algo semejante que lo preceda, que la naturaleza y la propia mente de uno produce frutos según su género, así como como el fuego produce humo.

La Ley universal de la fuerza del hábito es el medio por el cual todo ser vivo se ve obligado a asumir ser parte de las influencias del entorno en el cual vive.

Por lo tanto, resulta evidente que el éxito conlleva a alcanzar más éxito, y lo contrario también es cierto, el fracaso conduce a más fracasos. Esta es una verdad que ha sido conocida durante mucho tiempo, aunque pocos han entendido la causa principal de este fenómeno.

Es bien sabido que una persona que haya experimentado el fracaso puede alcanzar nuevamente el éxito si se asocia con aquellos que piensan y actúan en términos de éxito. Sin embargo, no todo el mundo está al tanto que esto se debe a que la acción de la Ley universal de la fuerza del hábito transmite la "conciencia del éxito" de la mente de la persona exitosa a la mente de la persona que no ha experimentado el éxito.

Cuando dos mentes se asocian se crea una tercera mente dirigida por la más fuerte de las dos. La mayoría de los hombres exitosos saben esto y admiten con franqueza que su éxito comenzó por su asociación estrecha con alguna persona que tenía una actitud mental positiva, de la cual conciente o inconscientemente apropiaron.

La Ley universal de la fuerza del hábito es silenciosa, invisible e imperceptible a los cinco sentidos. Esa es la razón por la cual no ha sido tan reconocida y esto provoca que la mayoría de los hombres no descubran las fuerzas intangibles de la naturaleza ni los principios abstractos. Sin embargo, tales intangibles y abstractos, son la fuente de los verdaderos poderes del universo y son la verdadera base de todo lo que es tangible y concreto, es decir, la fuerza de la cual se deriva lo tangible y lo concreto.

Comprender el principio de la Ley universal de la fuerza del hábito nos proporciona también entender la explicación de Emerson en su Ensayo sobre la compensación.

De la misma forma Sir Isaac Newton se acercó a la comprensión de esta ley cuando descubrió la Ley de la gravedad. Y si él hubiera ido un poco más allá de su hallazgo hubiera descubierto la mismísima ley que sostiene a nuestro pequeño planeta en el espacio y lo relaciona sistemáticamente con los otros planetas tanto en Tiempo como en Espacio; la misma ley que relaciona a los seres humanos unos con otros y relaciona a cada individuo consigo mismo a través de sus propios hábitos de pensamiento.

La expresión "la fuerza del hábito" se explica a sí misma. Es una fuerza que actúa por medio de hábitos establecidos. Todo otro ser vivo, a diferencia del ser humano vive, se reproduce y cumple su función en el mundo en respuesta directa a la fuerza del hábito, la cual comúnmente llamamos "instinto."

Al hombre es al único que se le ha dado el privilegio de escoger sus hábitos de vida, los cuales fija a través de patrones de pensamiento, el único privilegio que se le ha dado al hombre de tener control completo.

Cuando un hombre piensa en términos de limitaciones auto impuestas de temor e incertidumbre, de envidia, codicia y pobreza, la Ley universal de la fuerza del hábito convierte estos pensamientos en su equivalente material. Lo mismo pasa cuando un hombre piensa en términos de abundancia y plenitud, la misma Ley de la fuerza del hábito transforma esos pensamientos en la realización física equivalente.

De esta manera uno puede controlar su destino de manera asombrosa. Y esto se logra a través de ejercer el privilegio de dar forma a sus propios pensamientos. Sin embargo, una vez que estos pensamientos toman una forma concluyente en la senda por la que se ha de transitar, la Ley de la fuerza del hábito los hace permanentes y así continuarán hasta cuando sean reemplazados por patrones de pensamiento diferentes que resulten más fuertes que los anteriores.

Así llegamos a la consideración de una de las verdades más profundas; el hecho de que la mayoría de los hombres que alcanzan los más altos niveles de éxito rara vez lo alcanzan sin antes haber experimentado algún tipo de tropiezo o emergencia que haya tocado lo más profundo de ser y los haya reducido a la circunstancia de la vida que muchos llaman "fracaso."

La explicación para este fenómeno es fácilmente reconocible para quienes entienden la Ley universal de la fuerza del hábito, y es que consiste en el hecho de que tales tragedias y desastres sirven para romper los hábitos establecidos del hombre, hábitos que probablemente lo llevaron a los resultados inevitables del fracaso, rompiendo así el soporte de esa fuerza de hábito negativa y formulando nuevos y mejores hábitos.

La guerra interior

Las guerras surgen por las desavenencias en las relaciones de los hombres. Tales desacuerdos son el resultado de los pensamientos negativos de los hombres, los cuales se intensifican hasta llegar a proporciones desmedidas. El espíritu de un país es la suma total de los hábitos de pensamiento dominante de su pueblo.

Lo mismo es con respecto al hombre, ya que el espíritu del hombre se determina por sus hábitos de pensamiento dominantes. La mayoría de los individuos están en guerra de una forma o de otra. Se hallan en guerra con sus propios pensamientos y emociones. Se hallan en guerra en sus propias relaciones familiares así como en sus relaciones laborales y sociales.

Reconozca este hecho y comprenderá el verdadero poder y los beneficios que se vuelven disponibles a aquellos que aplican la Regla áurea. Esta maravillosa regla le ahorrará muchos conflictos personales.

También estará en posición de entender el verdadero propósito y los beneficios del Propósito mayor definido, porque una vez que ése propósito se haya adherido a la conciencia, mediante los hábitos de pensamiento, será respaldado por la Ley universal de la fuerza del hábito y será conducido a su conclusión lógica, por medio de cualquier acción práctica que sea conveniente.

La Ley universal de la fuerza del hábito no le indica al individuo qué meta debe proponerse. Tampoco le dice al individuo si sus pensamientos han de ser positivos o negativos. Más bien, actúa sobre los hábitos que haya cultivado el individuo y los materializa en su equivalente físico a través de una inspiración que motiva a la acción.

La Fuerza del hábito no sólo define los hábitos de pensamiento de los individuos, sino que también define los hábitos de los pensamientos de grupos y masas de gente. Y esto lo hace de acuerdo con el patrón de la preponderancia establecida por los pensamientos dominantes.

La misma regla aplica al individuo que piensa y habla de la enfermedad. Al principio el individuo es considerado como hipocondríaco, es decir, alguien que ficticiamente sufre de enfermedades. Sin embargo, cuando el hábito se hace constante, la enfermedad aparece mediante algún tipo de manifestación física. El hábito de la fuerza hace posible esto. Puesto que es un hecho real que cualquier pensamiento que se tenga en la mente a través de la repetición comienza a transformarse inmediatamente en realidad a través de cualquier medio posible.

Y es muy triste observar que tres cuartas partes de las personas que tienen pleno acceso a los beneficios que ofrece un país como el nuestro, vivan dentro de la necesidad y la pobreza; y no es difícil concluir que la razón de ello radica en el principio de la Ley universal de la fuerza del hábito.

La pobreza es el resultado de la pobreza de actitud que proviene de pensar en términos de pobreza, del temor a la pobreza y de estar hablando de la pobreza.

Si usted desea adquirir la riqueza, dé órdenes a la parte subconsciente de su mente para que produzca la riqueza. Desarrolle una actitud de prosperidad; verá como muy pronto su situación económica mejorará.

Primero viene la "concientización" de lo que se aspira y desea, luego le sigue la manifestación mental o física del deseo. La "concientización" es responsabilidad suya. Es algo que debe hacer a través de sus pensamientos o meditación diarios. De esta manera uno se conecta al poder del Creador de todas las cosas.

"He llegado a la conclusión," dijo el gran filósofo, "de que la asimilación de la pobreza y la asimilación de la mala salud constituye una falta de Fe."

La gente a veces habla mucho acerca de la Fe, pero sus actos desmienten sus palabras. La Fe es un estado mental que puede transformarse en permanente mediante actos. Simplemente creer no es suficiente, porque el gran escritor dijo: "La Fe sin obras está muerta en sí misma."

La Ley universal de la fuerza del hábito es la propia creación de la Naturaleza. Es el principio universal a través del cual el orden y la armonía ejercen su actividad en el universo; desde la estrella más grande, hasta el átomo más pequeño de la materia.

Es una fuerza que está al alcance tanto del débil como del más fuerte, tanto del rico como del pobre, tanto para el enfermo como para el que se encuentra bien. Suministra la solución a todas las contrariedades del hombre.

El mas grande propósito de los diecisiete principios de esta filosofía es el de ayudar al individuo a adaptarse al poder de la Ley universal de la fuerza del hábito, obteniendo autodisciplina en la formación de hábitos de pensamiento.

Los diecisiete elementos de la Llave maestra

Ahora, hagamos una breve descripción de estos principios de modo que comprendamos su relación con la Ley universal de la fuerza del hábito. Veamos cómo se combinan estos principios para formar la Llave maestra que abre la puerta a la solución de todos los problemas.

(a) EL HÁBITO DE IR UNA MILLA EXTRA.

Este principio ocupa el primer lugar ya que ayuda a ambientar la mente para rendir un servicio útil. La aplicación de este principio prepara el camino para el segundo principio.

(b) LA CLARIDAD DE PROPOSITO

Con la ayuda de este principio uno puede dar dirección organizada al principio de Ir una milla extra y se asegura de ir en la dirección de su Propósito mayor definido, llegando a ser acumulativo en sus efectos. La aplicación de estos dos principios puede llevarlo a uno muy lejos en la escalera del logro. No obstante, quienes tienen metas muy grandes en la vida, necesitarán de mucha más ayuda a lo largo del camino, y esta ayuda se recibe a través de la aplicación del tercer principio.

(c) LA MENTE MAESTRA

A través de la aplicación de este principio uno empieza a experimentar una nueva sensación de poder que no está disponible a la mente individual, ya que ayuda a superar las propias carencias personales y le otorga, cuando es necesario, la porción de conocimiento combinado de la humanidad que ha sido acumulado a través de las épocas. Sin embargo, este sentido de poder no será completo si no se recibe la guía del cuarto principio.

(d) LA FE APLICADA

Aquí el individuo empieza a sintonizarse con los poderes de la Inteligencia infinita. Este es un beneficio disponible solamente para quienes han ambientado su mente para ello. Aquí el individuo empieza a tomar posesión completa de su propia mente y a dominar sus miedos, preocupaciones y dudas, al reconocer su unicidad con la fuente de tal poder.

A estos cuatro principios se los ha denominado apropiadamente como "los cuatro grandes", dado que están en condición de suministrar más poder del que un hombre promedio acostumbra necesitar para alcanzar las grandes alturas de logro personal. Estos principios son apropiados únicamente para quienes poseen otras cualidades necesarias para alcanzar el éxito como las que suministra el quinto principio.

(e) UNA PERSONALIDAD AGRADABLE

La personalidad agradable le permite a un hombre venderse a sí mismo y sus ideas apropiadamente ante otras personas. Por lo cual, es esencial para quienes quieren convertirse en la influencia guiadora en una relación de la Mente maestra. No obstante, observe cuidadosamente como los principios anteriores tienden a forjar en uno una personalidad agradable.

Los cinco principios mencionados anteriormente pueden suministrarle a uno poder personal formidable; sin embargo, no un poder suficiente para blindarlo contra la derrota. La derrota es una circunstancia que todo hombre experimenta varias veces en la vida. De allí la necesidad de entender y aplicar el sexto principio.

(f) EL HÁBITO DE APRENDER DE LA DERROTA

Fíjese que este principio comienza con la palabra "hábito", lo cual significa que la derrota debe ser aceptada como algo habitual. En este principio los hombres encuentran suficiente inspiración para comenzar un nuevo inicio cuando sus planes se desbaratan, lo cual puede ocurrir una y otra vez.

Ahora observe cuánto se ha incrementado la fuente del poder personal a través de la aplicación de estos principios. Aquí la persona sabe hacia dónde se dirige en la vida. También ha logrado la cooperación amistosa de aquellos que le pueden prestar un servicio útil para el alcance de sus metas. Ha desarrollado una personalidad agradable asegurándose la continua cooperación de otros. También ha cultivado el arte de acudir a la fuente de Inteligencia infinita y ha aprendido a desplegar su poder a través de la fe aplicada. De igual manera, ha aprendido a convertir los obstáculos de tropiezo que encuentra en su camino, en piedras de apoyo para continuar su camino. No obstante, a pesar de todos estos beneficios, el hombre cuyo Propósito mayor definido lo guía hacia niveles mayores de logro personal, llegará muchas veces al punto donde necesitará los beneficios del siguiente principio.

(g) LA VISIÓN CREADORA

Este principio le permite a uno observar al futuro y evaluarlo en relación con el pasado. Le permite diseñar nuevos e innovantes planes para alcanzar sus metas y sueños a través del taller de la imaginación. Y aquí, por primera vez, quizás, el hombre descubre su sexto sentido y empieza a derivarlo de un conocimiento que se encuentra disponible a través de las fuentes organizadas de conocimiento y experiencia humanas. Sin embargo, a fin de asegurarse de darle un uso práctico a este beneficio deberá acoger y aplicar el octavo principio.

(h) LA INICIATIVA PERSONAL

Este es el principio que inicia la acción y la conduce hacia propósitos definidos. Lo protege a uno de los destructivos hábitos de la dilación, la indiferencia y la pereza. Un enfoque de aproximación a este principio es entender que en relación con los siete principios anteriores es el "precursor de los hábitos", ya que ningún principio puede transformarse en hábito excepto por el despliegue de la iniciativa personal. La importancia de este principio también puede ser comprobada por medio de reconocer el hecho de que es el único recurso mediante el cual un hombre puede ejercer pleno y completo control sobre la única cosa que el Creador le ha dado control, a saber, el poder de sus propios pensamientos.

Los pensamientos no se ordenan ni se dirigen solos. Requieren de una guía, inspiración y ayuda, la cual puede darse a través de la propia iniciativa personal.

Sin embargo, la iniciativa personal pudiera estar mal enfocada. Por eso, necesita de orientación suplementaria, la cual está disponible a través del noveno principio.

(i) PENSAR CORRECTO

El pensar correcto no lo protege únicamente de enfocar desatinadamente la iniciativa personal, también hace que se eviten cometer errores de juicio, se tengan conjeturas equivocadas y se tomen decisiones apresuradas. De igual manera, lo protege a uno de la influencia de sus propias emociones que pudieran resultar lesivas. Todo lo anterior, se logra amortiguar utilizando las facultades de la razón, lo que comúnmente la gente llama "usar la cabeza."

Así la persona que domina estos nueve principios se halla en posesión de un poder enorme. No obstante, el poder personal puede, y con frecuencia sucede, convertirse en un poder peligroso. Sin embargo, eso no ocurrirá si se aplica el décimo principio.

(j) LA AUTODISCIPLINA

La autodisciplina no puede adquirirse con sólo pedirla; tampoco puede alcanzarse de la noche a la mañana. Más bien, es el resultado del desarrollo de hábitos bien aplicados y bien cuidados, y en muchos casos se alcanza luego de muchos años de esfuerzo cultivado. Aquí es donde la fuerza de la voluntad entra en acción, porque la autodisciplina nace de la voluntad.

Por falta de autodisciplina en el ejercicio de su poder miles de hombres han experimentado el fracaso, pese a haber alcanzado el éxito por la aplicación de los nueve principios anteriores. Y por la misma razón, muchos hombres han conducido a otros a la derrota.

Este principio, cuando se aplica y se controla, le da a uno control absoluto sobre su mayor enemigo, ¡uno mismo!

Pero para desarrollar la autodisciplina de debe cultivar el onceavo principio.

(k) LA CONCENTRACIÓNDE ESFUERZO

El poder de la concentración es también un producto de la voluntad. Está tan estrechamente relacionado con la autodisciplina que a los dos juntos se les llama "los gemelos." A través de la concentración se impide que las energías se desperdicien y permite que la mente se mantenga enfocada en el objetivo del Propósito mayor definido hasta cuando la parte de la mente subconsciente del cerebro lo asume y lo convierte en el equivalente físico a través de la Ley universal de la fuerza del hábito. Es el ojo de la cámara de la imaginación a través del cual se registra en la parte de la mente subconsciente el bosquejo detallado de las metas y propósitos del individuo. Por ello es tan indispensable.

Ahora bien, mire retrospectivamente y vea cuánto poder personal se ha logrado por medio de la aplicación de los once principios. Sin embargo, estos no son suficientes para enfrentar toda circunstancia en la vida, ya que hay ocasiones en las que uno necesita de la cooperación amistosa de muchas personas; como sucede en el caso de los clientes en un negocio, o los votos para la elección de un cargo público; lo que nos lleva a considerar el principio número doce.

(1) LA COOPERACION

La cooperación difiere del principio de Mente maestra en el sentido de que es una relación humana necesaria y puede obtenerse sin tener que realizar una alianza con otros sobre la base de la fusión de las mentes para alcanzar un propósito definido.

Sin la cooperación de otros uno no puede lograr el éxito en las altas esferas del logro personal. Esto se debe a que la cooperación es un medio de mayor valor a través del cual uno puede extender el espacio que ocupa en las mentes de otros, lo que se llama comúnmente como la "buena voluntad." La cooperación amistosa hace que los clientes regresen y se conviertan en compradores habituales. Por lo tanto, este es un principio que definitivamente debe hacer parte de la filosofía del hombre exitoso, sin importar la ocupación en la que se desempeñe.

La cooperación se obtiene más fácil y con mayor disposición por medio de la aplicación del siguiente principio.

(m) EL ENTUSIASMO

El entusiasmo es un estado de ánimo contagioso que le permite a uno obtener la cooperación de otros, pero más importante aún, inspira a la persona a exteriorizar el poder de su propia imaginación. También impulsa a la acción en la expresión de la iniciativa personal y lo guía a uno cultivar el hábito de la concentración de esfuerzos. Adicionalmente, es una de las características más importantes de una personalidad agradable lo que beneficia también para la aplicación del principio de Ir una milla adicional. Aún más, el entusiasmo da fuerza y convicción a la palabra hablada.

El entusiasmo es el resultado de la motivación. No obstante, es difícil conservarlo sin la ayuda del siguiente principio.

(n) EL HÁBITO DE LA BUENA SALUD

La buena salud suministra un lugar de refugio apropiado para la operación de la mente. De modo que es esencial para el éxito duradero, reconociendo que la palabra "éxito" abarca todos los requisitos de la felicidad.

Otra vez aquí la palabra "hábito" se vuelve prominente ya que la buena salud comienza con la "conciencia hacia la salud", la cual se nutre con buenos hábitos de vida, sustentados con autodisciplina.

La buena salud es la base para el entusiasmo, y el entusiasmo promueve la buena salud; de modo que ambos son como la gallina y el huevo, nadie sabe cuál se creó primero, pero todo el mundo reconoce que cada uno es esencial para la existencia del otro. Así son la salud y el entusiasmo. Ambos son esenciales para el progreso y la felicidad.

Ahora, haga el inventario nuevamente y contabilice los dividendos que la persona ha obtenido a través de la aplicación de estos catorce principios. En este momento ya ha alcanzado proporciones que sobrepasan a la imaginación. Sin embargo, no son suficientes para resguardarlo a uno del fracaso. Por lo tanto, debemos agregar el siguiente principio.

(o) CONTROL DEL TIEMPO Y DEL DINERO

¡Qué dolor de cabeza produce cuando uno habla del control del tiempo y del dinero! Casi todo el mundo anhela con poder usar su tiempo y su dinero sin restricción. Sin embargo, hablar de conservarlos y administrarlos, ¡jamás! No obstante, la independencia y la libertad física y mental, los dos grandes deseos de la humanidad, no pueden ser realidades duraderas sin adoptar la estricta disciplina de un sistema de administración de estos dos elementos. De modo que este principio se convierte en una necesidad esencial de la filosofía del logro individual.

Ya estamos alcanzando los últimos principios del logro personal. Hemos aprendido cuáles son las fuentes de poder y cómo podemos conectarnos a ellas y utilizarlas para obtener el logro de nuestras metas. Y ese poder es tan grande que nadie puede resistirse a querer tenerlo, salvo que uno lo use imprudentemente para perjuicio propio y de otros. Por lo que, para guiar apropiadamente el uso del poder es necesario agregar el siguiente principio.

(p) LA REGLA DE ORO APLICADA

Observe el énfasis en la palabra "aplicada." El asunto es que simplemente creer en lo sabio de la Regla de oro no alcanza. Para sacarle un provecho duradero y para que ésta le sirva a uno de guía confiable, en el despliegue del poder personal, debe ser aplicada sobre la base del hábito, en todas las relaciones humanas.

Esto parece como si fuera una orden. Pero los beneficios que se obtienen de la aplicación de esta sabia regla valen la pena. Y es apropiado hacer todos los esfuerzos necesarios para convertirla en un hábito. Las penalidades y los fracasos que se obtienen cuando no se aplica esta regla son demasiados para mencionarlos aquí.

Ahora, hemos llegado al último principio necesario para obtener poder personal. Ya nos hemos asegurado lo suficiente para impedir que se use de manera incorrecta. Lo que necesitamos de ahora en mas es asegurarnos de tener los medios para que se convierta en permanente durante toda la vida. Hemos llegado al clímax de esta filosofía. Aquí está el principio por medio del cual uno puede lograr su ansiado tesoro. He aquí el principio número diecisiete de esta filosofía.

(q) LA FUERZA DEL HÁBITO

La Ley universal de la fuerza del hábito es el principio mediante el cual todos los hábitos se hacen permanentes en diferentes niveles. Como fue dicho, es el principio que controla a esta entera filosofía. Todos los demás principios de esta filosofía hacen parte intrínseca de este gran principio. Este es el principio que controla todas las leyes naturales del universo. Es el principio que suministra fijación al hábito en la aplicación de los principios que le preceden en esta filosofía. Este es el factor principal que incide en el acondicionamiento de la mente de la persona el desarrollo de la "conciencia hacia la prosperidad" que es tan esencial para lograr el éxito personal.

La simple comprensión de los dieciséis principios anteriores no conduce a nadie a lograr el logro personal. Los principios deberán ser comprendidos y aplicados como un hábito estricto, recordando que el hábito es la obra de la Ley universal de la fuerza del hábito.

La fuerza del hábito es sinónimo del Gran río de la vida, al cual nos hemos referido en numerosas ocasiones. Éste consiste en potencialidades positivas y negativas, como ocurre con todas las otras formas de energía.

A la aplicación negativa de este principio se la denomina como el "ritmo hipnótico," dado que tiene un efecto hipnótico en todo lo que toca, y podemos ver sus efectos, de una forma o de otra, en todo ser humano.

Ése es el medio por el cual la "conciencia hacia la pobreza" se transforma en un hábito.

Es el promotor de todos los hábitos como el temor, la envidia, la codicia, la venganza, y el deseo de conseguir lo que uno quiere sin dar nada a cambio.

Fija los hábitos de la desesperanza y la indiferencia.

Fija el hábito de la hipocondría, por el el cual millones de personas sufren durante toda su vida de enfermedades imaginarias.

También es el promotor de la "conciencia hacia el fracaso," que carcome la confianza de millones de personas.

En resumen fija todos los hábitos negativos, sin interesar de cuáles sean estos o sus efectos. Es el lado del "fracaso" del gran Río de la vida.

El lado "exitoso" del río de la vida -el lado positivo- fija todos los hábitos constructivos, como pueden ser el hábito de la claridad de propósito, el hábito de Ir una milla extra, el hábito de aplicar la Regla de oro en las relaciones humanas, y todos los demás hábitos que uno tiene que desarrollar y aplicar a fin de lograr los beneficios de los dieciséis principios anteriores de esta filosofía.

Cómo reforzar los hábitos

Ahora examinemos la palabra "hábito."

El diccionario Webster 'S da a esta palabra muchas definiciones, entre las cuales se encuentran: "El hábito implica una disposición o una tendencia fundamentada en la repetición; la costumbre sugiere el hecho de la repetición más que la tendencia a repetir; uso (aplica sólo a un grupo considerable de personas) agrega la implicación de aceptación durante un tiempo largo o de una posición; tanto la costumbre como el uso con frecuencia sugieren autoridad; hacemos muchas cosas mecánicamente por la fuerza del hábito."

La definición del diccionario sigue con más información; sin embargo, en ninguna parte se explica a la ley que fija todos los hábitos. Sin duda que esta omisión se debe a que los editores del diccionario desconocían la Ley universal de la fuerza del hábito. No obstante, observamos un detalle significativo en la definición del diccionario -la palabra "repetición." Esta definición es importante ya que describe como comienza la creación de un hábito.

El hábito de la Claridad de propósito, por ejemplo, se convierte en un hábito a través de la repetición del pensamiento de ése propósito. Cuando se somete repetidamente un pensamiento a la imaginación junto con un fervoroso o deseo de alcanzarlo, la mente diseña el plan para materializar ese deseo. Lo mismo debe suceder cuando se aplica el hábito de la fe en conexión con un deseo, debe hacerse tan intensa y repetidamente hasta que uno logre visualizarse a sí mismo en posesión del objeto de su deseo, hasta antes de literalmente alcanzarlo.

El desarrollo voluntario de hábitos positivos conduce a la aplicación de la autodisciplina, la persistencia, la fuerza de voluntad y la Fe, cualidades que desarrolla la persona que ha asimilado los dieciséis principios anteriores de esta filosofía.

El desarrollo voluntario de hábitos positivos es en sí mismo la autodisciplina manifestada en su forma más noble y gloriosa.

Todos los hábitos positivos que se desarrollan de forma voluntaria son el producto de la fuerza de voluntad, y normalmente se van fijando con el objetivo de alcanzar un logro específico. Se originan de la persona, no de la Ley universal de la fuerza del hábito. Estos deben afianzarse en la mente a través de la repetición de pensamientos y acciones; hasta el momento en que sean adoptados y fijados por la Ley universal de la fuerza del hábito y entonces operen de manera automática.

La palabra hábito es muy relevante en relación con la filosofía del logro individual. Representa la verdadera explicación a la condición del hombre en términos económicos, sociales, profesionales y espirituales. Estamos donde estamos, y somos lo que somos gracias a nuestros hábitos adquiridos. Y podemos aspirar a estar en otro lugar y lograr ser otro tipo de personas que deseemos, solo si desarrollamos y mantenemos en vigor nuestros hábitos voluntarios.

Por consiguiente, podemos ver que esta filosofía conduce forzosamente al entendimiento y a la aplicación de la Ley universal de la fuerza del hábito - el poder que permite hacer permanente todos los hábitos.

El mayor objetivo de los dieciséis principios precedentes es de ayudar a la persona a desarrollar una forma de hábito especifica y muy especializada, necesario para tomar plena control de su propia mente. Ello también, debe convertirse en un hábito.

El poder de la mente siempre está activamente relacionado con un lado del Río de la vida o con el otro. El propósito de esta filosofía es permitirle a uno desarrollar y mantener hábitos de pensamiento y de actos donde la mente esté enfocada en el lado del río que corresponde al éxito. Esta es la esencia de la filosofía.

La apropiación y control de esta filosofía, como cualquier otra cosa deseable, tiene un precio definido que debe pagarse antes de poder comenzar a disfrutar de sus beneficios. Ése precio, entre otras cosas, consiste en la eterna vigilancia, la determinación, la persistencia y la voluntad de hacer que la vida le pague a uno en los términos que uno establezca, en vez de aceptar sustitutos de pobreza, miseria y desilusión.

Existen dos formas de relacionarse con la vida.

Una es la de jugar el papel de caballo mientras la vida monta. La otra es la de lograr ser el jinete mientras la vida hace el papel del caballo. La elección de llegar a ser el caballo o el jinete es un privilegio que corresponde a cada uno; sin embargo, lo que viene a continuación también es cierto: Si uno no elige ser el jinete de la vida, seguramente se verá forzado a desempeñar el papel de caballo. La vida o monta o es montada. No existe posición neutra.

El "ego" y la fuerza del hábito

Como estudiante de esta filosofía usted seguramente estará interesado en dominar el método a través del cual se convierte el poder del pensamiento en su equivalente físico. También le interesará aprender sobre cómo relacionarse con otros en un vínculo de armonía.

Desafortunadamente nuestras escuelas y colegios han permanecido silenciosas en relación a estas dos necesidades tan importantes. "Nuestro sistema educativo," dijo el doctor Henry C. Link, "se ha concentrado en el desarrollo mental y ha descuidado enseñar hábitos personales y emocionales de rectitud."

La observación del señor Link es totalmente válida. El sistema de educación pública ha fallado respecto a su obligación de instruir en estas áreas. Esto se debe en parte a que la Ley universal de la fuerza del hábito fue descubierta recientemente, y todavía no ha sido conocida por la gran masa de educadores.

Todo el mundo sabe que prácticamente todo lo que hacemos, desde cuando aprendemos a hablar, es el producto de un hábito. Nuestra manera de comer y de beber son hábitos. Nuestras actividades sexuales son el resultado de un hábito. Nuestras relaciones con otros, sean positivas o negativas, son el resultado de los hábitos. Sin embargo, pocas personas entienden cómo o por qué se forman los hábitos.

Los hábitos se relacionan inseparablemente con el ego. Por lo tanto, consideremos por un instante el asunto del ego y cómo ha sido observado de forma errónea. En primer lugar, es bueno reconocer que el ego es el medio por el cual la fe y otros estados mentales funcionan.

A través de la explicación de esta filosofía se ha hecho gran énfasis en la diferencia entre la fe activa y la fe pasiva. También, es propio mencionar que el ego es el medio de expresión de toda acción. Por lo tanto, debemos saber algo sobre su naturaleza y sobre sus alcances para que lo podamos utilizar apropiadamente. Debemos aprender a estimular el ego para que emprenda la acción, y debemos aprender a controlarlo y conducirlo para alcanzar metas concretas.

Por sobre todo, debemos deshacernos de la creencia popular de que el ego es una expresión de la vanidad. La palabra "ego" proviene del latín y significa "yo". También connota la influencia de una fuerza que puede ser utilizada como medio para convertir el deseo en fe a través de la acción.

El poder malinterpretado del ego

El ego tiene influencia en todos los factores de la personalidad de uno.

Por lo tanto, el ego está sujeto a ser desarrollado, guiado y controlado mediante de hábitos voluntarios. Hábitos que deliberadamente desarrollamos.

Un filósofo que dedicó toda su vida al estudio de la mente y del cuerpo humano, aportó una ayuda práctica para el análisis del ego, cuando dijo: Su cuerpo, esté vivo o muerto, está compuesto de millones de diminutas energías que nunca mueren.

Estas energías son individuales y separadas, y en circunstancias actúan con un cierto grado de armonía.

El cuerpo humano es un mecanismo de vida, en capacidad de controlar, aunque no esté acostumbrado a ello, todas sus fuerzas internas, con la excepción del hábito, el cual necesita ser cultivado y conducido mediante el esfuerzo o de la influencia de alguna emoción, para lograr propósitos mayores.

Y nos complace saber que se ha determinado, a través de muchos experimentos que este poder de conducir y desarrollar tales energías puede ser generado en toda persona y a un grado mayor.

El aire, la luz solar, el alimento y el agua que usted bebe, son agentes de una fuerza que proviene del cielo y de la tierra. Las circunstancias que hacen posible la vida están abundantemente disponibles para todo el mundo. Y las oportunidades de lograr convertirse en algo mejor están siempre ahí presentes.

Sin embargo, la humanidad está asfixiada por tantas influencias, y desde tiempos remotos, no se ha hecho ningún esfuerzo para controlar los impulsos que conducen al mundo. Siempre ha sido muy fácil, y eso sigue siendo cierto aún hoy, dejar que las cosas sigan como están, en lugar de hacer algún esfuerzo por cambiarlas.

No obstante, la línea que divide entre el éxito y el fracaso está trazada donde termina el andar sin sentido. (Es allí donde la Claridad de propósito comienza.)

Si usted se sienta y reflexiona por un momento, le sorprenderá descubrir cuanto de su vida ha sido simplemente el producto de las circunstancias de la vida.

Observe a cualquier criatura viva, vea cuantos esfuerzos hace por prosperar. El árbol envía sus ramas en dirección al sol, y lucha por inhalar el aire; aún bajo tierra envía sus raíces en busca del agua y los minerales que requiere para alimentarse. A esto, muchos lo llaman vida inconsciente. Sin embargo, representa una fuerza que proviene de alguna fuente y actúa con un propósito.

No hay ningún lugar en el planeta en el cual no haya energía.

El aire está tan cargado de energía que en el viento frío del norte libera sus rayos boreales. Y cuando las nubes frías chocan con las calientes, las tormentas eléctricas llenan al hombre de reverencia. El agua es la unión líquida de dos gases y es cargada con energías eléctricas, mecánicas y químicas, cualquiera de las cuales pueden representar gran servicio o perjuicio al hombre.

Aún el hielo, en su forma más fría contiene energía, no se doblega, ni al estar congelado. Su fuerza ha quebrado en fragmentos montañas rocosas. La energía a nuestro alrededor, la bebemos en el agua, la comemos en los alimentos y la respiramos en el aire. Ninguna molécula química está libre de ella. Ningún átomo puede subsistir sin ella. Somos la combinación de muchas energías individuales.

El hombre está compuesto de dos fuerzas. Una es tangible, y se manifiesta mediante el cuerpo físico, con sus millones de células, cada una dotada con inteligencia y energía. La otra fuerza es intangible, y se manifiesta a través del ego, el director organizado del cuerpo que controla los pensamientos y las acciones del hombre.

La ciencia nos dice que la porción tangible del hombre, que en promedio pesa unos 80 kilos, está compuesto de diecisiete elementos químicos, que se distribuyen de la siguiente manera:

95 libras de oxígeno
38 libras de carbono
15 libras de hidrógeno
4 libras de nitrógeno
4 1/2 de calcio
6 onzas de cloro
4 onzas de azufre
3 Y2 onzas de potasio
3 onzas de sodio
Y4 onzas de hierro
2 95 onzas de flúor
2 onzas de magnesio
1 % onzas de silicio

Y pequeñas porciones de arsénico, yodo y aluminio.

Estas partes tangibles del hombre cuestan comercialmente muy poco y pueden comprarse en cualquier tienda de productos químicos.

Agregue a estos químicos un buen regado y adecuadamente organizado y controlado el ego, y ahora las partes valdrán el precio que el dueño les quiera poner. El ego es un poder que no se puede comprar a ningún precio. No obstante, puede desarrollarse y moldearse para lograr cualquier patrón de conducta deseado. El desarrollo tiene lugar cuando se incorporan hábitos organizados que se hacen permanentes a través de la Ley universal de la fuerza del hábito, que ejecuta los patrones de pensamiento que uno desarrolla a través del pensamiento controlado.

Una de las grandes diferencias entre los hombres que dejan aportes invaluables a la humanidad y los que simplemente ocupan un lugar en el espacio, tiene que ver con los egos. El ego es la fuerza detrás de todas las formas de acción humana.

El mayor deseo de las personas es la libertad de cuerpo y mente. Y ésta se hace disponible en proporción directa al desarrollo y uso que uno hace del ego. Toda persona que se relacione adecuadamente con su propio ego puede gozar de la libertad en la proporción que desee.

El ego de una persona determina la forma en que se relaciona con otros. Más relevante aún, diseña la política bajo la cual un hombre se relaciona con su propio cuerpo y mente; allí es donde nacen todas las esperanzas, propósitos y objetivos que los individuos se fijan como destino en la vida.

El ego del individuo es su mayor bien o su peor obstáculo; eso dependerá de cómo se relacione él consigo mismo. El ego es la suma total de los hábitos de pensamiento de una persona; pensamientos que se consolidan a ella a través de la operación automática de la fuerza del hábito.

Toda persona altamente exitosa tiene un ego bien disciplinado y altamente cultivado. Sin embargo, existe otro factor que se relaciona con el ego y que determina su capacidad para el bien o el mal, el autodominio necesario para convertir su poder en la realidad deseada.

Cómo entrenar el ego

El punto de partida de todos los logros individuales consiste en un plan a través del cual el ego se inspira y despierta una "conciencia hacia el éxito". La persona que alcanza el éxito, lo hace a través de desarrollar su propio ego, impregnándolo con el objeto de su deseo, y despejándolo de toda forma de limitación, temor y duda, cosas que obstaculizan el poder del ego.

La autosugestión es el medio por el cual uno puede regular su ego con la vibración deseada para comenzar el camino del logro de su propósito deseado.

A menos que usted entienda el verdadero significado del principio de la autosugestión no podrá entender la parte más importante de este análisis, ya que el poder del ego se logra enteramente por la aplicación de la autosugestión.

Cuando la autosugestión alcanza el estatus de fe, el ego se transforma en un poder ilimitado.

El ego se mantiene vivo y activo a través de alimentación constante. Así como el cuerpo físico, el ego no puede sobrevivir sin alimento.

Debemos alimentarlo con Claridad de propósito.

Debemos alimentarlo con Iniciativa personal.

Debemos alimentarlo con actos continuos, a través de planes bien organizados.

Debemos sustentarlo con entusiasmo.

Debemos nutrirlo con Atención controlada, dirigida hacia alcanzar una meta específica.

Debemos controlarlo y dirigirlo a través de la Autodisciplina.

Y debe ser apoyado con pensamientos precisos.

Ninguna persona puede dominar algo o a alguien si no domina primero su propio ego.

Ninguna persona puede expresarse en términos de abundancia si la mayoría de sus pensamientos están dirigidos hacia la pobreza. No obstante, no se debe pasar por alto que muchos hombres que han logrado gran riqueza, tuvieron sus inicios en la pobreza, un hecho que demuestra que éste (el temor a la pobreza), así como los demás temores pueden ser conquistados y erradicados.

En síntesis, el ego puede considerarse el compuesto de todos los principios del logro individual descritos en esta filosofía, combinado en una unidad de poder, que puede ser enfocado para alcanzar algún fin específico por una persona que tiene dominio total de su ego.

Mi deseo es que usted entienda que el poder más importante a su disposición, que decidirá si usted tiene éxito o fracasa, es el que se representa a través de su propio ego.

También es importante que usted se deshaga de aquella creencia antigua que asocia el ego con el egoísmo, la vanidad y lo indecente, y que reconozca que el ego, cuando está separado del hombre, convierte al individuo en un ser sin valor, semejante al valor que se obtiene por la venta de sus componentes químicos.

El sexo es la gran fuerza creativa del hombre. Está definitivamente asociado y forma una parte importante del ego. Tanto el sexo como el ego ganaron su mala reputación por el hecho de que ambos están sujetos a aplicación tanto constructiva como destructiva, y ambos han sido víctimas del abuso por parte de hombres ignorantes, desde el comienzo de la historia de la humanidad.

La persona egoísta, quien llega a hacerse irrespetuosa a causa de su ego, es alguien que no ha podido conocer cómo relacionarse con su ego de manera que le dé una utilidad constructiva.

La utilización constructiva del ego se hace a través de las manifestaciones de las esperanzas, ambiciones, intenciones y planes de uno, y no por la vanidad egoísta. El lema de la persona que tiene su ego bajo control es, "Hechos más que palabras."

Los deseos de lograr la grandeza, de ser reconocido, de tener poder personal, son deseos saludables. Sin embargo, la propia proclamación personal sobre la grandeza de uno es una señal de que uno no ha asumido pleno control de su ego, más bien, de que el ego ha tomado posesión de uno y esté seguro que tal proclamación de grandeza es un manto donde se esconde bajo él algún complejo o temor de inferioridad.

El ego y la actitud mental

Entender la verdadera naturaleza del ego es comprender el verdadero significado del principio de la Mente maestra. Si este principio ha de otorgarle buen servicio a usted, entonces los miembros de, su alianza de la Mente maestra deberán estar en total armonía con sus esperanzas, intenciones y metas. Ninguno de ellos deberá estar en competencia con usted de manera alguna. Ellos deberán estar dispuestos a subordinar sus propios deseos y personalidades de manera plena para el logro de su propósito mayor en la vida.

Ellos deberán demostrar confianza en usted y en su integridad, y deben poder respetarle. Deberán estar dispuestos a reconocer sus virtudes y a aceptar sus carencias. Deberán estar dispuestos a permitirle a usted ser usted mismo, a vivir su propia vida en todo momento.

Y por último, ellos deben poder recibir de usted algún tipo de beneficio que sea equivalente a ellos como lo es para usted.

Restarle importancia a este último requisito significará el fin de la fuerza de su alianza de la Mente maestra.

Los hombres se relacionan unos con otros en diversas circunstancias por alguna razón o motivo. No puede existir una relación humana permanente que no tenga un motivo o que tenga un motivo no definido. El no reconocer este hecho les ha costado a muchos hombres la diferencia entre la penuria y la abundancia.

El poder que toma el control del ego y materializa sus pensamientos es la Ley universal de la fuerza del hábito. Esta ley no le establece cualidad o cantidad al ego. Simplemente toma lo que encuentra y lo convierte en su equivalente físico.

Las personas que obtienen grandes logros son, y siempre han sido, aquellos que deliberadamente alimentan, moldean y controlan sus propios egos, y que no abandonan nada a la casualidad en su vida.

Toda persona puede controlar y dar forma a su propio ego. Y desde ese momento en adelante no tiene más influencia en lo que ocurra, ya que sucede lo mismo que ocurre con el labrador que planta la semilla. La ley inexorable de la fuerza del hábito hace que cada ser viviente perpetúe su especie, y así como un árbol crece de una semilla, sin necesitar de la ayuda de nadie, así también la Ley universal de la fuerza del hábito traduce el retrato que un hombre pinta de su ego en el equivalente físico correspondiente.

De estas declaraciones se desprende que aquí no solo estamos abogando por el desarrollo y control deliberado del ego, sino que también estamos advirtiendo que ningún hombre puede esperar lograr el éxito si no obtiene control sobre su propio ego.

Y a fin de evitar imprecisiones sobre lo que significa la palabra "ego apropiadamente desarrollado", haremos una breve descripción de los factores que inexcusablemente influyen en su desarrollo. Estos son:

Primero, uno debe aliarse con una o más personas que unirán sus mentes en un espíritu de perfecta armonía con un objetivo definido en común. La alianza debe ser permanecer activa y progresiva.

La alianza debe estar compuesta de personas cuyas cualidades mentales y espirituales, y cuya educación, sexo y edad sean adecuadas para ayudar al éxito de la alianza. Por ejemplo, la alianza de Andrew Carnegie estaba compuesta por más de veinte hombres, cada uno de los cuales le aportó a la alianza cualidades, experiencia, educación, o conocimiento directamente relacionados con el objeto de la alianza.

Segundo, al aliarse con la clase de personas debidas uno debe adoptar un plan definido a través del cual pueda alcanzar el objetivo de la alianza, y debe implementar inmediatamente un plan de acción. El plan puede consistir en un plan compuesto por la unión de los esfuerzos de todos los miembros del grupo de la Mente maestra.

Si resulta que un plan se vuelve improcedente, debe ser complementado o sustituido por otros, hasta que se vea que funcione. De todas maneras, no se debe cambiar el propósito de la alianza.

Tercero, uno debe retirarse del área de influencia de cualquier persona o circunstancia que tenga la más mínima tendencia de hacer que uno se sienta inferior o incapaz de lograr el objetivo de su propósito. Los egos positivos no crecen en entornos negativos. En este punto no hay excusas para conformidades y no aplicar esta recomendación resulta fatal para las posibilidades de éxito.

Se debe trazar muy claramente una línea divisoria entre uno y los que ejerzan alguna forma de influencia negativa. Aquello sin importar las anteriores relaciones de amistad o las relaciones familiares que puedan existir.

Cuarto, se debe cerrar la puerta muy bien a todo pensamiento de experiencia o circunstancia pasada que pueda hacerlo sentir inferior o infeliz. Los egos fuertes y vitales no pueden desarrollarse, discurriendo en experiencias desagradables del pasado. Los egos vitales se desarrollan en las esperanzas y en los deseos de los logros aún no alcanzados.

Los pensamientos son los ladrillos con los que se construye el ego. La fuerza del hábito es el cemento que une los ladrillos de manera permanente. Cuando el trabajo finaliza, se refleja hasta el más mínimo detalle, la naturaleza de los pensamientos con el cual fue construido.

Quinto, uno debe alimentar su mente, de toda forma posible, con la materia del ego que esté cultivando. Por ejemplo, un autor deberá aprovisionar su estudio con obras de autores en su área de especialidad a los que él admire. Deberá ocupar sus estantes con libros de contexto relacionado con su trabajo. Deberá indicarle a su ego, de toda forma posible, la imagen exacta de lo que desea alcanzar, ya que esa imagen es la que la ley de la fuerza de hábito tomará y transformará en su equivalente físico.

Sexto, el ego, adecuadamente desarrollado, siempre está bajo el control del individuo. No debe permitirse que el ego se hinche porque esto nos lleva inevitablemente al fracaso.

El ego-manía se hace visible cuando alguien quiere controlar a otras personas por la fuerza. Ejemplos de esto son Adolfo Hitler, Benito Mussolini y el Kaiser.

En el desarrollo adecuado del ego el lema de uno debería ser: "Ni mucho, ni poco." Cuando los hombres empiezan a ansiar controlar a otros, o empiezan a acumular grandes sumas de dinero que no pueden administrar constructivamente, están pisando un terreno peligroso. Este es un tipo de poder que crece sin dirección y pronto se vuelve inmanejable.

La naturaleza ha proveído al hombre una válvula de seguridad mediante la cual desinfla el ego cuando se va más allá de su uso apropiado. Emerson la llamó la Ley de la compensación. Y funciona con precisión asombrosa.

Napoleón Bonaparte comenzó a morir, el día que llegó a la isla de Santa Helena, bajo la influencia de un ego aplastado.

Las personas que se jubilan y cesan todo tipo de actividades, habiendo antes tenido vidas muy activas, por lo general se atrofian y mueren al poco tiempo, y si viven, experimentan una vida muy infeliz. Todo esto puede ser controlado con el uso adecuado del ego. Un ego saludable siempre está activo y bajo control.

Séptimo, el ego sufre constantes cambios. Siempre está mejorando o empeorando, y ello depende de los hábitos de pensamiento de uno. Los factores que influyen en el cambio son el tiempo y la Ley universal de la fuerza del hábito.

Tiempo de crecer

Ahora deseo llamar la atención respecto al Tiempo como factor esencial en la operación de la Ley universal de la fuerza del hábito. Tal como las semillas que se plantan requieren de tiempos precisos para su germinación, desarrollo y crecimiento, así también ocurre con las ideas, los impulsos del pensamiento y los deseos que se adhieren en la mente. Estos requieren de periodos de tiempo definidos durante los cuales la Ley universal de la fuerza del hábito les da vida y desarrollo.

No existe la manera de determinar cuánto es el Tiempo que se necesita para que un deseo se transforme en su equivalente físico. La naturaleza del deseo, las circunstancias y la intensidad del deseo, son factores que repercuten en el Tiempo que se requiere para que el deseo pase de la esfera del pensamiento a la esfera de la materialización.

El estado de ánimo conocido como fe actúa muy favorablemente para convertir los deseos en su equivalente físico. En algunas circunstancias, la transformación ocurre casi instantáneamente.

El hombre tarda unos veinte años en madurar en el aspecto físico. Sin embargo, para madurar en sentido mental, lo que implica al ego, se requieren entre treinta y cinco y sesenta años. Este hecho explica la razón por la cual los hombres no acumulan grandes riquezas materiales; también porqué alcanzan registros sobresalientes en otras direcciones sólo hasta cuando están cerca de sus cincuenta años.

El ego, que puede ayudar a un hombre a obtener riqueza material, es uno que primero debe aprender la autodisciplina; y es a través de esta cualidad que se adquiere confianza en sí mismo, claridad de propósito, iniciativa personal, imaginación y juicio sano; cualidades sin las cuales ningún ego puede adquirir o conservar riquezas en abundancia.

Estas cualidades se desarrollan haciendo uso apropiado del Tiempo. Observe que no decimos que se adquieren con el paso del tiempo. Más bien, mediante la operación de la Ley universal de la fuerza del hábito, los hábitos de pensamiento del individuo, sean estos positivos o negativos, sean de abundancia o de pobreza, moldean el patrón de su ego y allí se les da forma permanente, determinando la naturaleza y el nivel de desarrollo espiritual y material del individuo.

El ego antecede al éxito

A comienzos del año 1929, el año de la Gran Depresión, la dueña de un salón de belleza, prestó un cuarto en la parte de atrás de su negocio a un comerciante que necesitaba descansar. El hombre no tenía dinero, pero poseía considerable conocimiento sobre los métodos para fabricar cosméticos.

La dueña del salón le dio el lugar para descansar y le ofreció la oportunidad de pagarle el cuarto preparando los cosméticos que ella utilizaba en su negocio.

Pronto ambos se asociaron en una alianza de la Mente maestra, la cual resultó dándole a ambos independencia económica. Al principio, entraron en una sociedad donde se producían cosméticos, los cuales después se vendían de casa en casa. La mujer proveía el dinero para la materia prima y el hombre hacía el trabajo de producción.

Después de algunos años, la alianza de Mente maestra entre los dos resultó tan bien, que decidieron hacerla permanente mediante el matrimonio, a pesar de que existía una diferencia de más de veinte años de edad entre ellos.

El hombre había estado en la industria de los cosméticos la mayor parte de su vida adulta y nunca había tenido éxito. La joven dama escasamente se mantenía con su salón de belleza. Sin embargo, la feliz combinación de los dos les dio un poder que ninguno de los dos conocían antes de la alianza. Así fue como ellos alcanzaron el éxito financiero.

Al inicio de la época de la Depresión fabricaban cosméticos en un pequeño salón y vendían personalmente sus productos de casa en casa. Al final de la Depresión, ocho años después, fabricaban sus cosméticos en una gran fábrica que adquirieron, y tenían más de cien empleados, y más de cuatrocientos representantes de ventas vendiendo sus productos por todo el país.

Durante ese tiempo llegaron a obtener una fortuna de más de dos millones de dólares, a pesar del hecho de que empezaron en los años de la Depresión cuando los cosméticos eran un lujo no tan fácil de vender.

Así superaron sus necesidades de dinero por el resto de sus vidas. Obtuvieron libertad económica con exactamente el mismo conocimiento que tenían antes de formar la alianza de Mente maestra, cuando ambos sufrían las carencias de la pobreza.

Desearíamos revelar los nombres de estas dos grandes personas, pero las circunstancias de su alianza y la naturaleza del análisis que estamos haciendo lo hace impráctico. Así, nos sentimos libres de describir la fuente de su logro asombroso, analizando su relación desde el punto de vista de un analista imparcial que quiere mostrar únicamente el cuadro de los hechos.

El motivo que asoció a estas dos personas en una alianza de Mente maestra fue definitivamente un motivo económico. La mujer anteriormente había estado casada con un hombre que no pudo darle el sustento y que la abandonó cuando su hijo estaba pequeño. El hombre también había estado casado antes.

Hasta ahora no ha habido la menor insinuación de la emoción del amor como motivo para el matrimonio. El motivo fue completamente un mutuo deseo de lograr libertad económica.

El negocio y la costosa casa en la que la pareja vive se encuentran completamente gobernados por el hombre mayor, quien sinceramente piensa que es el quien las consiguió.

La casa está amoblada exquisitamente, y a nadie, ni siquiera a los invitados, se le permite sentarse en el piano o sentarse en las sillas de la sala, sin el permiso explícito del "amo y señor" de la casa.

El comedor principal, está amoblado con muebles ornamentados, lo que incluye una gran mesa que se habilita para ser usada en ocasiones de "estado". No se permite que la familia la use en otras ocasiones. Todos comen en la sala de desayunos. Y no se sirve nada en la mesa que no sea el alimento de la preferencia del "amo".

También tienen un empleado que se ocupa de los jardines de la casa. No obstante, a él no se le permite cortar una flor sin la autorización del dueño de la casa.

Las conversaciones de la familia son dirigidas por el dueño de la casa, y no se permite que nadie interrumpa, ni siquiera para hacer una pregunta o un comentario, a menos que él indique hacerlo. Su esposa nunca habla, a menos que se le invite a hacerlo, y cuando lo hace, lo que dice es breve y bien pensado para no irritar al "amo."

El negocio está registrado y el hombre es el presidente de la compañía. Tiene una oficina amoblada con un escritorio especial hecho a mano y sillas talladas.

En la pared, frente al escritorio, se encuentra un óleo pintado con su figura, el cual en ocasiones mira durante largo tiempo, con ojos de aprobación.

Cuando habla del negocio, y especialmente de su asombroso éxito durante los años de la Depresión, el hombre se adjudica el crédito del logro. Nunca menciona a su esposa en relación con el negocio.

Mientras tanto la esposa sigue con sus actividades diarias. No tiene oficina ni escritorio. A veces se la ve junto a las trabajadoras, ayudándolas en alguna tarea, andando despreocupadamente como si fuera una de las empleadas.

El nombre el hombre aparece en cada una de las cajas de mercadería que sale de la fábrica. Está impreso con grandes letras en los vehículos de reparto, y aparece en toda la papelería de la empresa, así como en la publicidad de la compañía. El nombre de la esposa brilla por su ausencia.

El hombre cree que construyó solo su negocio, que lo administra, que no pudiera funcionar sin él. La verdad es totalmente lo contrario. Su ego construyó el negocio, lo administra, y el negocio pudiera funcionar bien o aún mejor sin su presencia, ya que la verdad es que su esposa desarrolló ese ego, y ella pudo haber hecho eso mismo con cualquier otro hombre bajo circunstancias similares.

Con paciencia, con sabiduría y con predeterminación, la esposa de este hombre sumergió su personalidad en la de su marido, y paso a paso alimentó su ego con el tipo de alimento que removió todo vestigio de su complejo de inferioridad anterior, el cual provenía de una vida de privaciones y fracasos. Ella hipnotizó a su esposo con la creencia de que él era el magnate del negocio.

Cualquier clase de ego que este hombre hubiera tenido antes de conocer a esta mujer había muerto de inanición. Pero ella revivió este ego, lo alimentó, lo nutrió y lo desarrolló transformándolo en un poder de gigantescas proporciones a pesar de su naturaleza excéntrica y falta de habilidad para los negocios.

En realidad, cada política comercial, cada movimiento, y cada nuevo paso del negocio son el producto de las gestiones de la esposa, quien hábilmente siembra en la mente de su esposo las ideas de manera que él cree que es su autor. La realidad es que ella es la mente detrás de la empresa, él simplemente, el que ejecuta las ideas. Pero la combinación es imbatible, como lo evidencian sus asombrosos logros financieros.

La manera en que esta mujer se ha mimetizado no sólo es prueba convincente de su autodominio, sino también de su inteligencia, ya que probablemente ella sabía que no hubiera podido lograr los mismos resultados si hubiera estado sola, o si hubiera utilizado medios distintos a los que adoptó.

Esta mujer tuvo escasa formación académica, y no tenemos idea de cómo o dónde aprendió tanto sobre el funcionamiento de la mente humana para combinar su mente con la de su esposo para desarrollar el ego que él tiene. Quizás la respuesta esté en la intuición natural que muchas mujeres tienen. Sea lo que haya sido, ella hizo bien su trabajo y consiguió el objetivo que deseaba alcanzar la seguridad económica.

El ego - se debe alimentar y cuidar

Aquí se ve la evidencia de que la mayor diferencia entre la pobreza y la riqueza consiste en un ego dominado por un complejo de inferioridad y uno que está influenciado por un sentimiento de superioridad. Este hombre mayor pudo haber muerto en la pobreza si no hubiera conocido a esta inteligente mujer que le alimentó el ego con pensamientos positivos y fortaleció su confianza en su habilidad de lograr la riqueza.

Este caso es uno de los muchos que se pudieran citar que demuestran que el ego se debe alimentar, organizar y dirigir para lograr fines específicos, si se desea alcanzar el éxito en cualquier aspecto de la vida.

La llave está en sus manos

Así que ahora usted tiene los diecisiete principios de la filosofía.

¡Estos son los que se requieren para tomar posesión de la Llave maestra!

Ahora usted cuenta con la posesión del conocimiento práctico que ha sido utilizado por los hombres exitosos que han existido desde el principio de la humanidad hasta el presente.

Esta es una completa filosofía de vida. Suficiente para satisfacer todas las necesidades del hombre. Contiene el secreto para la solución de todos los problemas de las personas. Ha sido expresada en términos simples para que todas las personas la puedan entender.

Tal vez usted no ambiciona ser famoso internacionalmente, pero usted puede aspirar y debe aspirar a ser útil para ocupar el espacio en el mundo que su ego desee.

Cada persona llega a parecerse a aquellos que hacen mayor impresión sobre su ego. Los seres humanos somos seres de imitación. Y de forma natural nos esforzamos por imitar a los héroes de nuestra elección. Esta es una tendencia natural y saludable.

Más aún, es muy afortunado el hombre cuyo héroe es una persona de gran fe, ya que la admiración por un héroe atrae algo de la naturaleza del héroe que se admira.

Como conclusión, resumamos lo que se ha dicho acerca del ego y digamos que representa un espacio en el jardín de la mente donde uno puede desarrollar el estímulo que inspira la Fe activa, pero también puede ser un terreno fértil para que crezcan los frutos negativos del temor, la duda, la indecisión, las cuales lo llevan a uno al fracaso.

La cantidad de espacio que usted ocupe en el mundo es ahora un asunto de su elección. La Llave maestra de la riqueza está en sus manos. Ahora usted está frente a la puerta que lo separa de lograr el éxito que desea. La puerta no se abrirá si usted no intenta abrirla. Usted tendrá que utilizar la Llave maestra haciendo suyos los diecisiete principios de esta filosofía.

Ahora usted tiene en sus manos una filosofía de vida completa, suficiente para la solución de los problemas personales.

Es una filosofía de principios, cuya combinación ha sido la responsable de todo logro o llamado. Muchos seguramente han empleado la filosofía exitosamente sin saber el nombre que le hemos dado a los diecisiete principios.

No se ha omitido ningún factor esencial para obtener el éxito. La filosofía los junta y los describe con palabras y símiles fáciles de entender.

Es una filosofía de realidades que toca con muy pocas abstracciones y lo hace únicamente cuando es requerido. Está libre de términos académicos y frases técnicas que normalmente lo único que hacen es confundir al lector.

El propósito final de esta filosofía es facultarlo a uno, para que desde el mismo lugar donde esté, logre alcanzar lo anhelado; tanto en sentido económico como espiritual. Así, lo prepara a uno para disfrutar abundantemente de la vida que el creador se propuso que gozáramos.

Conduce a la obtención de las 'riquezas" en el sentido más amplio y completo de la palabra, lo que incluye las doce riquezas más esenciales de la vida.

El mundo ha sido beneficiado por las filosofías abstractas de los tiempos de Platón, Sócrates, Copérnico, Aristóteles y muchos otros del mismo calibre. También por pensadores como Ralph Waldo Emerson y William James.

Ahora el mundo cuenta con una filosofía concreta y completa del logro individual que le otorga al individuo el medio práctico para tomar control completo de su propia mente y encauzarla para el logro de paz mental, armonía en las relaciones humanas, seguridad económica y lo pleno de la vida conocido como felicidad.

Ahora como disculpa, pero también como explicación, tengo que mencionar el hecho de que, hemos hecho mayor énfasis en los primeros cuatro principios del total de los diecisiete principios que nos guían al éxito; y esto no fue por simple casualidad.

Se hizo intencionadamente para atenuar la tendencia que tiene el hombre de pasar por alto las nuevas ideas o la nueva interpretación de verdades reconocidas.

También fue necesario hacer repetición dada la interrelación de los diecisiete principios, los cuales se conectan como los escalones de una cadena, cada uno de los cuales se fusiona con el principio que lo precede y que lo sigue.

Y por último, reconozcamos que la repetición de las ideas es uno de los principios básicos de la pedagogía y de la influencia efectiva de la publicidad. Por lo tanto, la repetición no está competentemente justificada, sino que es un medio absolutamente necesario para promover el progreso humano.

Cuando usted haya asimilado esta filosofía, tendrá una mejor educación que la mayoría de las personas que se gradúan de la universidad con un doctorado. Usted tendrá posesión del conocimiento más útil que haya sido extraído de las biografías de los hombres más exitosos de esta nación, y lo tiene disponible de una manera que es entendible y fácil de aplicar.

No obstante recuerde que la responsabilidad de hacer el uso adecuado de este conocimiento será absolutamente suya. La simple posesión del conocimiento no lo lleva a uno a ningún lugar. Es su uso lo que verdaderamente cuenta.

Capítulo diez
LA AUTODISCIPLINA

> El hombre que adquiere la habilidad de tomar plena
> posesión de su propia mente, también pude tomar plena
> posesión de todo aquello que se le conceda.
> - Andrew Carnegie

Ahora revelaremos los métodos con los cuales uno puede tomar control de de su propia mente.

Hemos comenzado con una cita de un hombre que respaldó la verdad de su declaración con los logros asombrosos que obtuvo.

Los que lo conocieron de cerca y que trabajaron estrechamente con él, dicen que el rasgo principal de su personalidad consistía en el hecho de que sabía tomar pleno control de su propia mente desde temprana edad y que nunca cedió a otros el derecho a pensar sus propios pensamientos.

¡Qué logro y qué bendición que todo hombre pudiera decir, "Soy amo de mi destino, Soy el capitán de mi alma!"

¡El creador probablemente intenta que así sea!

Si la intención fuera otra, al hombre probablemente no se le hubiera dado el privilegio de tener control sobre sus propios pensamientos. Los seres humanos vamos por la vida buscando libertad de cuerpo y de mente. Sin embargo, la mayoría nunca la alcanza. ¿Por qué? El Creador suministró los medios para que todo hombre fuera libre y le dio al hombre la llave para acceder a esos medios. También inspiró a los hombres para alcanzar logros de libertad.

¿Por qué, entonces, los hombres viven encarcelados en una prisión de su propia fabricación, cuando la llave de la puerta está a su alcance? Nos referimos a la cárcel de la pobreza, la cárcel de la mala salud, la cárcel del miedo, la cárcel de la ignorancia.

La búsqueda de la libertad tanto de cuerpo como de mente es universal a los seres humanos. Sin embargo, pocos la obtienen ya que la mayoría la busca en la fuente equivocada, excepto en el lugar de donde pueden venir las soluciones, su propia mente.

El deseo de obtener riquezas también es un deseo universal, pero muchos hombres nunca logran alcanzar las verdaderas riquezas debido a que no reconocen que todas las riquezas comienzan primero en la propia mente.

Los hombres buscan, durante toda su vida, poder y fama, y no las logran adquirir. No reconocen que la verdadera fuente del poder y de la fama se encuentra dentro de sus propias mentes.

El poder de la mente es un intrincado sistema de organización que puede ser liberado únicamente por un solo medio, y este es la estricta autodisciplina.

Una mente que esté acondicionada por medio de la autodisciplina y dirigida a alcanzar fines específicos, contiene un poder invaluable que no reconoce tal cosa como la derrota permanente. Reordena la derrota y la transforma en victoria. Convierte las piedras de tropiezo en piedras de apoyo. Utiliza las fuerzas del universo para llevar a cabo sus deseos.

¡Un hombre que se conduce según la autodisciplina nunca podrá ser dominado por otros!

La autodisciplina es una de las Doce riquezas, pero es mucho más que eso. Es un prerrequisito esencial para el logro de todas las riquezas, lo que incluye la libertad de cuerpo y de mente, el poder y la fama, y todas las cosas materiales que un hombre pueda desear.

La autodisciplina es el motor por medio del cual uno puede enfocar la mente en su Propósito mayor definido hasta cuando la Ley universal de la fuerza del hábito tome posesión de ese propósito y lo convierta en su equivalente material.

Es la llave para manejar el poder de la voluntad y las emociones del corazón. Las equilibra, y las enfoca en propósitos específicos.

Es la fuerza que alimenta la perseverancia en la búsqueda del Propósito mayor definido.

Es la fuente de toda persistencia y el medio a través del cual uno es capaz de desarrollar el hábito de llevar a cabo sus planes y propósitos.

Es el poder mediante el cual todos los hábitos de pensamiento se estructuran y se sustentan hasta ser asumidos por la Ley universal de la fuerza del hábito y llevados a su fin aspirado.

Es el medio por el cual uno puede tomar plena posesión de su mente para enfocarla en la persecución de las metas que se tengan.

Es indispensable para ejercer liderazgo.

Es el poder mediante el cual uno puede convertir su conciencia en un aliado y una guía en vez de un conspirador.

Es el guardia que despeja la mente para la expresión de la Fe, ya que desecha todos los miedos.

Despeja la mente para poder hacer uso de la Imaginación y la Visión creadora.

Elimina la indecisión y la duda.

Le ayuda a uno a crear y a mantener la "conciencia hacia la prosperidad", definitiva para la consecución de riquezas materiales, y promueve "la conciencia hacia la salud", importante para mantener una buena salud física.

La autodisciplina actúa completamente a través del sistema de funcionamiento de la mente. Es oportuno, por lo tanto, que hagamos ahora un examen de ese sistema.

Los diez factores que intervienen en el "proceso" del pensamiento

La mente opera a través de diez factores. Algunos de estos funcionan de forma automática, mientras que otros deben ser despertados mediante el esfuerzo voluntario. La autodisciplina es el único medio para alcanzar este último cometido.

Los diez factores son los siguientes:

1. *LA INTELIGENCIA INFINITA:* es la fuente de todo el poder del pensamiento, el cual obra automáticamente, pero que puede ser organizado y enfocado para alcanzar fines específicos a través de la Claridad de propósito.

La Inteligencia infinita puede parecerse a una gran reserva de agua que brota continuamente, cuyos canales fluyen en diferentes direcciones dando vida a toda la vegetación y a todas las formas de vida. Figurativamente hablando, la porción de la corriente que le da vida al hombre, suministra también el poder del pensamiento.

El cerebro del hombre puede ser asemejado a una llave de agua y el agua que fluye a través de la llave representa la Inteligencia infinita. El cerebro no genera el poder del pensamiento. Simplemente recibe el poder de la Inteligencia infinita y la aplica a las metas que la persona se proponga.

Y tenga muy presente esto, el privilegio de controlar y de dirigir el pensamiento es la única prerrogativa sobre la cual se le ha dado entera autonomía a los seres humanos. Puede ser usado para construir o para destruir. Puede darle dirección, a través de la Claridad de propósito, o puede evitar hacerlo, según se desee. El ejercicio de este gran privilegio se obtiene únicamente a través de la autodisciplina.

2. LA MENTE CONSCIENTE: la mente opera a través de dos compartimentos. Uno es conocido como la parte consciente, y el otro como la parte subconsciente. De acuerdo a la opinión de los psicólogos ambas secciones pueden ser comparables a un iceberg, la parte visible sobre el agua representa la sección de la mente consciente. La porción invisible debajo representa la mente subconsciente. Por lo tanto, la sección consciente de la mente –la porción que utilizamos voluntariamente bajo el poder del pensamiento- es apenas una pequeña parte de todo el conjunto, equivalente a la quinta parte de la capacidad disponible de la mente.

La parte subconsciente de la mente opera de forma automática. Por ejemplo, ejecuta todas las funciones necesarias relacionadas con el crecimiento y el mantenimiento de nuestro cuerpo físico. Hace que el corazón palpite para que la sangre circule. A través de un sistema químico perfecto hace que se asimilen los nutrientes que se obtienen de los alimentos. Remueve las células desgastadas y las reemplaza con nuevas células. Desecha las bacterias que atentan contra la salud.

Estas y otras funciones esenciales son coordinadas por la sección de la mente subconsciente. Sin embargo, también obra como puente de enlace entre la mente consciente y la Inteligencia infinita.

Así, la mente subconsciente puede asemejarse a una válvula que controla el flujo de lo que entra a la mente consciente (a través de la autodisciplina). También puede asemejarse al suelo fértil de un jardín, donde se puede sembrar la semilla de cualquier idea que se desee germinar.

La importancia de la sección subconsciente de la mente puede comprenderse al considerar el hecho de que es el único medio que puede conectarse voluntariamente a la Inteligencia infinita. Por ende, es el medio por el cual todas las oraciones se elevan y también reciben respuesta.

Es el medio que transforma el Propósito mayor definido de uno en su realidad material equivalente, un proceso que consiste en enseñarle a la persona el uso apropiado de los medios naturales para alcanzar los objetivos que desee.

La sección subconsciente de la mente opera sobre todos los impulsos del pensamiento, llevándolos a su conclusión lógica. No obstante, siempre da preferencia a los pensamientos inspirados por las emociones, como por ejemplo la emoción del temor o la emoción de la Fe. De allí la necesidad de la autodisciplina como medio de suministrar a la mente subconsciente los pensamientos o deseos que conduzcan al logro de lo que uno se propone.

La sección de la mente subconsciente da preferencia también a los pensamientos dominantes de la mente, es decir, aquellos pensamientos que uno crea por la repetición de ideas o deseos. Esto enfatiza la necesidad de adoptar un Propósito mayor definido y la necesidad de fijar ese propósito (por medio de la autodisciplina) como el pensamiento dominante de la mente.

3. LA FACULTAD DE LA VOLUNTAD: el poder de la voluntad es el "jefe" de todos los departamentos de la mente. Tiene el poder de modificar, cambiar o equilibrar todos los hábitos del pensamiento y sus decisiones son finales e inapelables. Es el poder que pone las emociones del corazón bajo control y únicamente se sujeta a la autoridad de la autodisciplina. Se le puede parecer al presidente de una junta directiva cuyas decisiones son las finales.

Recibe sus órdenes de la mente consciente y no reconoce a ninguna otra autoridad.

4. LA FACULTAD DE RACIOCINIO: Esta es el "juez" de la sección consciente de la mente, la cual evalúa todas las ideas, planes, deseos y lo hace si se lo ordena la autodisciplina. Si embargo, sus decisiones pueden ser puestas a un lado por la facultad de la voluntad, o modificadas por el poder de las emociones, cuando la voluntad no interfiere. Tomemos nota del hecho de que todo tipo de pensar correcto solicita de la cooperación de la facultad de raciocinio, aunque este es un requisito que no más de una persona entre diez mil respete. Esto explica porqué existen tan pocas personas que piensen acertadamente.

Lo que la mayoría de veces se denomina como pensamiento es en realidad el trabajo de las emociones sin la guía de la autodisciplina, donde no se interpone la facultad de la voluntad, ni la facultad de raciocinio.

5. LA FACULTAD DE LAS EMOCIONES: esta es la fuente de la mayoría de las acciones de la mente. El asiento de la mayoría de los pensamientos que causa la sección de la mente consciente.

Las emociones son engañosas y poco confiables, y pueden ser muy peligrosas si no se trata con la habilidad de raciocinio bajo la dirección de la facultad de la voluntad.

Sin embargo, no se tiene que juzgar a la facultad de las emociones por su independencia, ya que es la fuente del entusiasmo, la imaginación y la Visión creadora y puede ser guiada por la autodisciplina para el desarrollo de estas cualidades esenciales que el individuo necesita para su desarrollo personal.

No es posible pensar de la manera correcta sin tener un completo dominio de las emociones.

Y dicho dominio se obtiene poniendo las emociones bajo el control de la voluntad, preparándolas para recibir guía de lo que la voluntad pueda indicar, o modificar, a través de la facultad de raciocinio.

La persona que piensa de manera correcta no se forma opiniones ni toma decisiones que no hayan antes sido sometidas a las evaluaciones de las facultades de la voluntad o del raciocinio. Es un individuo que utiliza sus emociones para inspirar la creación de ideas a través de la imaginación, pero refina sus ideas a través de la voluntad y el raciocinio antes de emitir una aceptación final.

Esto es autodisciplina del orden más avanzado. El procedimiento es simple pero no es simple hacerlo. Únicamente lo sigue quien piensa de la manera correcta y que actúa bajo su propia iniciativa personal.

Las doce riquezas más importantes como (1) la actitud mental positiva, (2) la armonía en las relaciones humanas, (3) la libertad del temor, (4) la esperanza del logro (5) la capacidad de la fe, (6) la mente abierta hacia todos los temas, y (7) la buena salud física, son factibles únicamente por la estricta dirección y control de todas las emociones. Esto no significa que las emociones deban anularse. Más bien, deben ser controladas y dirigidas para alcanzar fines definidos.

Las emociones pueden ser comparadas a la fuerza del vapor en una caldera, su poder se canaliza a través de la liberación del vapor por medio de un mecanismo. El vapor incontrolado no representa ningún poder. Pero si es controlado requiere de un mecanismo que lo controle. A eso corresponde la autodisciplina. Figurativamente hablando es el controlador que libera el poder emocional.

Las emociones más relevantes y más peligrosas son: (1) la emoción del sexo, (2) la emoción del amor, y, (3) la emoción del temor. Estas son las emociones que producen la mayor parte de las actividades humanas. Las emociones del amor y del sexo son creativas. Cuando se controlan y se dirigen lo inspiran a uno con imaginación y visión creadora de proporciones fenomenales. Sin embargo, si no se dirigen y controlan apropiadamente pueden conducirle a uno a cometer actos lesivos.

6. *LA FACULTAD DE LA IMAGINACIÓN:* La imaginación es el taller donde se construyen todos los deseos, ideas, planes y propósitos, y donde se conciben los medios para realizarlos. A través la influencia organizada de la autodisciplina, la imaginación puede alcanzar el estatus de Visión creadora.

No obstante, la facultad de la imaginación, como la facultad de las emociones, es engañosa y poco confiable si no la controla y la guía la autodisciplina. La imaginación sin control con frecuencia disipa el poder del pensamiento en actividades inútiles, imprácticas o destructivas que no necesitan ser mencionadas en detalle. ¡La imaginación descontrolada lo lleva a uno a soñar despierto!

El control de la imaginación empieza con la adopción de un plan definido con claridad de propósito. Dicho control se complementa con el seguimiento de hábitos estrictos guiados por la autodisciplina. Así se da dirección a la facultad de las emociones, ya que el poder de las emociones es el poder que inspira la acción de la imaginación.

7. *LA FACULTAD DE LA CONCIENCIA:* La conciencia es la guía moral de la mente. Su función principal es modificar las intenciones y objetivos de la persona de modo que estén en armonía con las leyes de la naturaleza y de la humanidad. La conciencia es el hermano gemelo de la facultad de raciocinio, la cual suministra discernimiento y guía al raciocinio cuando éste se encuentra en duda.

La conciencia funciona como guía cooperadora siempre y cuando se respete y se acate. Si se descuida o si se descuidan sus indicaciones, se convierte en un conspirador en vez de una guía, llegando a justificar los actos más destructivos. Así, esa de naturaleza dual de la conciencia necesita la guía estricta de la autodisciplina.

8. *EL SEXTO SENTIDO:* Este es la "estación transmisora" de la mente a través de la cual uno emite y recibe automáticamente las vibraciones del pensamiento. Es el medio por el cual se reciben todos los impulsos del pensamiento conocidos como presentimientos. Y está muy estrechamente relacionado, o posiblemente hace parte de la mente subconsciente.

El sexto sentido es el medio por el cual opera la Visión creadora. Es el canal por el cual se transmiten las nuevas ideas. Y es el mayor bien que existe en las mentes de las personas que son considerados como "genios."

9. *LA MEMORIA:* Esta es la "gaveta de archivos" del cerebro. Allí se almacenan todos los impulsos del pensamiento, todas las experiencias y las sensaciones que llegan al cerebro a través de los cinco sentidos. También puede transformarse en la

"gaveta de archivos" de todos los impulsos del pensamiento que llegan a la mente a través del sexto sentido, aunque no todos los psicólogos concuerden con esto.

La memoria es engañosa y poco confiable a menos que sea dirigida y administrada por la autodisciplina.

10. LOS CINCO SENTIDOS FISICOS: Estos son las "armas" físicas del cerebro mediante las cuales éste tiene contacto con el mundo exterior. Los cinco sentidos físicos no son confiables; por lo tanto, necesitan permanente autodisciplina. Cuando existen condiciones emocionales intensas los cinco sentidos suelen confundirse y hacerse poco confiables.

Los cinco sentidos pueden ser engañados con un sencillo juego de manos. Y con frecuencia son engañados a diario por las experiencias cotidianas de la vida. Bajo la emoción del temor, los sentidos físicos crean monstruos, los cuales sólo existen en la imaginación, y no hay aspecto en la vida en los que los sentidos no exageren o distorsionen en ocasiones de prevalencia del temor.

El control de los hábitos del pensamiento

Así hemos descrito brevemente los diez factores que intervienen en las actividades mentales de los hombres. A la vez hemos suministrado suficiente información respecto al "mecanismo" de la mente para demostrar la importancia de la necesidad de la autodisciplina en su manipulación y uso.

La autodisciplina se obtiene por el control de los hábitos del pensamiento. El término "autodisciplina" hace referencia al poder del pensamiento, ya que toda la disciplina de una persona tiene lugar en su mente aunque sus efectos se manifiesten en las funciones físicas del cuerpo.

¡Usted está donde está y es lo que es por sus hábitos de pensamiento! Sus hábitos de pensamiento están sumisos a su control.

Sus pensamientos son lo único en su vida sobre lo cual usted puede poseer control completo. Este es uno de los aspectos más profundos de la vida porque claramente evidencia que el creador reconoce la necesidad de esta gran prerrogativa. De lo contrario él no lo hubiera hecho la única circunstancia sobre la cual el hombre tiene control exclusivo.

Evidencia adicional de esto se encuentra en la ley universal de la fuerza del hábito. Este es el medio a través del cual los pensamientos los hábitos de pensamiento se fijan y se hacen permanentes; se hacen automáticos y operan sin el esfuerzo voluntario del hombre.

Sin embargo, por ahora estamos interesados en observar el hecho de que el Creador del mecanismo maravilloso conocido como cerebro suministró perspicazmente un dispositivo mediante el cual todos los hábitos del pensamiento sean asumidos y expresados automáticamente.

La autodisciplina es el principio mediante el cual uno puede moldear voluntariamente los patrones del pensamiento para armonizarlo con sus metas y deseos.

Este privilegio trae consigo una gran responsabilidad, porque determina, más que todo lo demás, la posición en la vida que cada persona debe ocupar.

Si se descuida ese privilegio, por la deficiencia de uno a formar voluntariamente hábitos que lleven al logro de sus metas, entonces las circunstancias de la vida que están más allá del control de uno, harán el trabajo; y con mucha frecuencia los resultados son extremadamente pobres.

Cada persona es una colección de hábitos. Algunos fueron adoptados por él mientras que otros son involuntarios. Nacen de los temores, las preocupaciones, las ansiedades, las ambiciones, la superstición, la envidia y el odio.

La autodisciplina es el único medio por el cual los hábitos del pensamiento de uno pueden ser controlados y guiados hasta cuando son asimilados por la expresión automática de la Ley universal de la fuerza del hábito. Analice este pensamiento cuidadosamente, ya que es la clave de su destino mental, físico y espiritual.

Usted puede canalizar sus pensamientos de modo que estos lo conduzcan hacia el logro de los fines que se proponga. O también puede permitir que las circunstancias incontrolables de la vida formen sus hábitos de pensamiento y que lo lleven inevitablemente al lado del fracaso en el Río de la vida.

Usted puede mantener su mente sintonizada en lo que desea de la vida y conseguirlo, o usted puede nutrirla con pensamientos de lo que no desea para, al final, obtener precisamente eso. Sus hábitos de pensamiento surgen de las ideas con las cuales los alimenta.

¡Esto es tan cierto como que el día se hace noche!

Despiértese, levántese y dirija su vida con las condiciones que su corazón desea.

Obtenga provecho de la facultad de su voluntad y tome completo control de su propia mente. ¡Es su mente! Le fue dada a usted como esclavo para cumplir sus deseos. Y nadie puede entrar en ella o influenciarla sin su consentimiento y cooperación. ¡Qué cosa tan profunda es esta!

Tenga muy en mente esto cuando las circunstancias sobre las cuales usted no parezca tener el control empiecen a afectarle. Recuerde esto cuando el temor, la duda, la preocupación comiencen a brotarse en su mente. Recuerde esto cuando el temor a la pobreza empiece a asomarse en el horizonte de su mente donde debería estar únicamente la "conciencia hacia la prosperidad."

Y recuerde también que esto también es autodisciplina. Es el único medio a través del cual alguien puede tomar control completo de su propia mente.

El ser humano no es una oruga que tenga que arrastrarse por el polvo de la tierra.

Si así lo fuera, estaría equipado con los medios físicos para arrastrarse sobre su vientre en vez de poseer dos pies. Su cuerpo físico fue diseñado para que usted pueda pararse y caminar y diseñar su ruta para conseguir los logros que pueda imaginar. ¿Por qué contentarse con menos? ¿Por qué defraudar al creador manifestando indiferencia o negligencia en el uso de su dádiva más preciosa, el poder de su propia mente?

Conecte su poder mental inagotable

Los poderes potenciales de la mente humana sobrepasan el entendimiento.

Y uno de los grandes misterios que ha perdurado a través de la historia consiste en el descuido del hombre de reconocer y usar esos poderes como medio de modificar su destino.

La mente contiene la puerta para conectarse a la Inteligencia infinita. Esto se logra a través de la sección de la mente subconsciente. Esta puerta ha sido hecha para que pueda abrirse voluntariamente a través de la preparación por medio del estado mental denominado Fe.

La mente también cuenta con la facultad de la imaginación, la cual puede diseñar maneras y medios de convertir la esperanza y el deseo en realidades físicas.

También ha sido privilegiada con la capacidad del deseo y el entusiasmo mediante los cuales es factible dar acción a los planes e intenciones.

Igualmente ha sido privilegiada con la capacidad de la Fe, mediante la cual, las facultades de la voluntad y del raciocinio pueden ser sometidas mientras que la maquinaria del cerebro trabaja junto a la fuerza de la Inteligencia infinita. También puede conectarse con otras mentes, a través del sexto sentido (bajo el principio de Mente maestra) y obtener recursos de otras mentes que le ayudarán a estimular la imaginación para el logro de sus metas.

Se le ha otorgado la facultad de raciocinio a través de la cual los hechos y las teorías pueden combinarse en hipótesis, ideas y planes.

Se le ha otorgado el poder de la deducción a través del cual puede predecir el futuro por medio de analizar el pasado. Esta capacidad explica por qué el filósofo mira hacia atrás a fin de conocer el futuro.

Se le ha otorgado el poder de la selección, modificación y control de la naturaleza de los pensamientos, dándole a la persona el privilegio de construir su propio carácter, de encajar con cualquier patrón deseado. Determinando así la clase de pensamientos que deben dominar su mente.

Se le ha otorgado la maravillosa facultad del sistema de archivos, con la cual puede recibir, registrar y recordar todo pensamiento por medio de la memoria. Con su increíble sistema de clasificar y archivar pensamientos relacionados la memoria puede traer un recuerdo y asociarlo con otras experiencias.

Se le ha otorgado el poder de la emoción, mediante el cual puede condicionar voluntariamente al cuerpo para llevar a cabo la acción.

Se le ha dado la facultad de funcionar en secreto y reservadamente, asegurando la privacidad del pensamiento en todo momento y lugar.

Tiene la facultad ilimitada de recibir, organizar, almacenar y expresar conocimiento sobre todos los asuntos, tanto en asuntos físicos como metafísicos, el mundo exterior y el mundo interior.

Tiene el poder de ayudar al mantenimiento de la salud física, y aparentemente es la única fuente de cura de las enfermedades físicas, mientras que todas las otras fuentes son contributivas. Mantiene en perfecto funcionamiento el sistema de auto recuperación del cuerpo -un sistema que funciona de forma automática.

Mantiene y actúa automáticamente el increíble sistema químico mediante el cual procesa el alimento según las necesidades del cuerpo.

Opera automáticamente el corazón mediante el cual la corriente sanguínea distribuye alimento a toda parte del cuerpo y elimina los materiales y las células desgastadas del cuerpo.

Fue dotada con el poder de la autodisciplina mediante el cual adopta un hábito deseado hasta el instante en que la Ley universal de la fuerza del hábito lo asume y le da expresión automática.

Es el punto de encuentro donde el hombre puede reunirse con la Inteligencia infinita, y esto lo puede hacer por medio de la oración o mediante de cualquier forma de deseo expresada o también a través de la claridad de propósito, mediante del simple proceso de abrir la compuerta de acercamiento de la sección de la mente subconsciente conocida como la Fe.

Es la iniciadora de cada idea, cada herramienta, cada máquina y cada invención establecida por el hombre para su beneficio en el mundo material.

Es la fuente de todas las felicidades humanas y de todas las miserias. De manera, es la fuente de las pobrezas y de las riquezas de toda clase. Dedica su energía a la expresión de lo que sea que domine la mente de uno por medio del poder del pensamiento.

Es la fuente de todas las relaciones humanas y de todos los tratos entre los hombres. Es la forjadora de amistades, y la creadora de enemigos, según a la manera como sea conducida.

Tiene el poder de resistir y de protegerse contra todos los sucesos y condiciones externas, aunque no siempre las pueda controlar.

No tiene limitaciones dentro de la razón (salvo las que entran en conflicto con las leyes de la naturaleza) excepto las que el individuo acepta por su carencia de Fe. Evidentemente, "lo que la mente pueda imaginar y creer puede ser alcanzado."

Tiene el poder de cambiar de un estado de ánimo a otro a través de la voluntad. Por lo eso, no puede ser afectada constantemente por el desánimo.

Puede descansar temporalmente mediante el sueño y estar fresca y lista para la actividad en cuestión de horas.

Se hace más fuerte y más confiable mientras mayor sea controle.

Puede transformar el sonido en música que relaja al cuerpo y al alma.

Puede enviar el sonido de la voz humana entorno de la tierra en la fracción de un minuto.

Puede hacer que el pasto crezca donde no creció anteriormente.

Puede construir una prensa impresora que recibe un rollo de papel en un extremo, el cual se transforma en un libro en el otro extremo en solo algunos minutos.

Puede hacer que la luz aparezca en cualquier instante del día con sólo apretar un botón.

Puede transformar el agua en vapor y el vapor en energía eléctrica.

La mente puede edificar aparatos que controlen la temperatura y puede producir fuego al frotar dos pedazos de madera.

Puede originar música del pelo de la cola de un caballo y cuerdas del interior de un gato.

Puede predecir con precisión la posición de la tierra observando la posición de las estrellas.

Puede dominar la Ley de la gravedad y darle usos beneficiosos imposibles de numerar.

Puede construir un avión que traslada con seguridad a las personas por medio de los aires.

Puede construir una máquina que ingresa en el cuerpo humano por medio de la luz y fotografiar los huesos y los tejidos blandos sin hacerles daño.

Tiene el poder de la clarividencia y comprender la presencia de objetos invisibles al ojo humano.

Puede domesticar la jungla y transformar una porción del desierto en un jardín.

Puede transformar las olas de los océanos en fuerza para la operación de maquinaria.

Puede producir cristal indestructible y convertir la pulpa de la madera en ropa.

Puede convertir las piedras de tropiezo en piedras de apoyo para el logro.

Puede construir máquinas que descubren las mentiras.

Puede calcular con precisión un círculo por los fragmentos de su arco.

Puede originar caucho de elementos químicos.

Puede reproducir la imagen de cualquier objeto material a través de la televisión, sin la ayuda de un ojo humano.

Puede determinar la medida, el peso y el contenido material del sol, a una distancia de 93.000.000 millones de millas, a través de analizar sus rayos de luz.

Puede crear un ojo mecánico que muestre la presencia de aviones o submarinos, o cualquier otro objeto físico, a cientos de millas de distancia.

Puede sellar herméticamente cualquier tipo de alimento y conservarlo indefinidamente.

Puede grabar y reproducir cualquier clase de sonido, incluyendo la voz humana, con la ayuda de una máquina y un pedazo de cera.

Puede registrar y reproducir fotos de cualquier clase con la ayuda de un trozo de vidrio y una banda celuloide.

Puede construir máquinas que anden por el aire, por el suelo o debajo del agua.

Puede construir máquinas que pueden limpiar el terreno en el bosque más espeso.

Puede construir una máquina que puede mover muchas toneladas de tierra en un minuto, lo equivalente al trabajo de diez hombres en un día completo.

Puede apuntar a los polos magnéticos de la tierra con la ayuda de un compás y fijar su dirección con exactitud.

Grande y poderosa es la mente del hombre y aun puede conseguir mayores logros que harán que los anteriores se vean insignificantes en comparación.

Los pensamientos negativos conducen a la autodestrucción

Y aún, a pesar de todo este logro maravilloso del poder de la mente, la gran mayoría de las personas no intentan tener el control de sus mentes y sufren de miedos y de dificultades que hay sólo en su propia imaginación.

El enemigo burlón de la humanidad es el miedo.

Tememos la pobreza quieta en una sobreabundancia de riquezas.

Tememos la enfermedad a pesar de que la naturaleza ha dado al cuerpo humano con un ingenioso sistema de auto reparación.

Tememos la crítica cuando no hay quien critique salvo los que formamos en nuestra propia mente mediante del uso negativo de nuestra imaginación.

Tememos perder el amor de nuestros amigos y familiares aunque sabemos muy bien que nuestra buena conducta es bastante para mantener el vínculo del amor por medio de las circunstancias comunes de las relaciones humanas.

Tememos la vejez, a pesar de que debemos aceptarla como manera para conseguir más sabiduría y entendimiento.

Tememos la perdida de la libertad, aunque sabemos que la libertad es una cuestión de conservar relaciones armoniosas con los demás.

Tememos la muerte, aunque sabemos que es inevitable, y que por lo ello, es un asunto que esta fuera de nuestro control.

Tememos la derrota, sin reconocer que cada fracaso trae consigo la semilla del beneficio equivalente.

Y temíamos el relámpago hasta que Franklin, Edison y otros individuos, que se atrevieron a tomar posesión de sus propias mentes, probaron que los relámpagos son una forma de fuerza física que puede ser usada para el favor del hombre.

En vez de abrir nuestras mentes para recibir la guía de la Inteligencia infinita, por medio de la Fe, cerramos nuestras mentes con toda forma de sombra posible y limitaciones auto impuestas basadas en temores innecesarios.

Sabemos que la persona es el amo de todas las criaturas vivas del planeta, y pese a eso, no miramos a nuestro alrededor para aprender de los pájaros en los cielos y de las bestias del campo, y rehusamos reconocer que hasta los animales más insignificantes disfrutan del alimento y satisfacen todas sus necesidades mediante un plan universal que hace que todos nuestros temores sean insignificantes y sin fundamento.

Nos quejamos de la falta de oportunidades y nos expresamos en contra de los que se atreven a tomar posesión de sus propias mentes, sin reconocer que toda persona que tiene una mente sana tiene el derecho y el poder de satisfacer sus necesidades materiales y todo lo que pueda precisar.

Tememos la molestia del dolor físico sin reconocer que el dolor es el lenguaje universal por medio del cual se le indica al hombre de todos los males y peligros que necesitan corrección.

Por causa de nuestros temores asistimos a la oración y pedimos por detalles minúsculos que deberíamos poder solucionar por nosotros mismos, y por ello, nos damos por vencidos y perdemos la Fe, cuando no conseguimos los resultados que esperamos, sin reconocer nuestro deber de hacer oraciones de agradecimiento por las bendiciones que se nos han concedido a través del poder de nuestra mente.

Transformamos la aplicación de las invenciones en herramientas para la destrucción por medio de lo que diplomáticamente llamamos "guerra." Luego clamamos en protesta cuando la Ley de la compensación nos devuelve escasez de alimento y depresiones económicas.

Abusamos del poder de la mente de manera tan numerosas que resulta imposible mencionarlas. Y esto sucede porque no hemos entendido que el poder de la mente puede controlarse por medio de la autodisciplina para satisfacer nuestras necesidades.

Y continuamos por la vida, comiendo las cáscaras y tirando las semillas de la plenitud.

El arte de pensar correctamente

Antes de finalizar el análisis de la autodisciplina, el cual tiene que ver completamente con el mecanismo del pensamiento, describamos brevemente algunos hechos conocidos sobre los hábitos del pensamiento a fin de que consigamos el arte de pensar correctamente.

1. Todo pensamiento (sea positivo o negativo, bueno o malo, exacto o inexacto) tiende a transformarse en su equivalente físico, y lo hace, inspirándolo a uno con

las ideas, los planes y los medios para conseguir los fines anhelados a través de medios naturales y lógicos.

Luego de que un pensamiento sobre cualquier tema se convierte en un hábito y es asumido por la Ley universal de la fuerza del hábito, la sección subconsciente de la mente procede a conducirlo a su conclusión lógica, y esto lo hace por medio de cualquier forma natural disponible.

Tal vez no sea correcto decir literalmente que "los pensamientos son cosas," pero lo que sí es correcto afirmar es que los pensamientos forman todas las cosas, y las cosas que crean son duplicados iguales de los modelos de pensamiento que los han confeccionado.

Muchos creen que los pensamientos que uno abriga empiezan una serie de vibraciones infinitas con las cuales uno tendrá que encontrarse y luchar más adelante en la vida, y que el hombre es, en sí mismo, una reflexión física del pensamiento puesto en acción y cristalizado en forma física por la Inteligencia infinita.

Muchos también tienen la creencia de que lo que la persona piensa es la proyección de un minuto de la Inteligencia infinita, derivada del suministro universal por medio de las funciones del cerebro. Ningún pensamiento contrario a esta creencia ha sido presentado.

2. El pensamiento puede ser influenciado mediante la aplicación de la autodisciplina, controlado y conducido para la transmutación de un fin anhelado por el desarrollo de hábitos voluntarios.

3. El poder del pensamiento (con la ayuda de la sección subconsciente de la mente) tiene control sobre toda las células del cuerpo, lleva a cabo todas las reparaciones y reemplazos de las células lesionadas o muertas, incita su crecimiento, influencia en la operación de todos los órganos del cuerpo y les ayuda a funcionar a través del hábito del orden; también ayuda a luchar contra la enfermedad por medio de lo que se conoce como la "resistencia del cuerpo."

Estas funciones se ejecutan automáticamente. Pese a eso, muchas de ellas se estimulan con ayuda voluntaria.

4. Todos los logros del hombre empiezan primero con algún pensamiento, organizado en una meta o un propósito y expresados en términos de acción física. Todas las acciones son inspiradas por uno o más de los nueve motivos básicos.

5. E1 poder completo de la mente maniobra a través de dos secciones conocidas como la mente consciente y la mente inconsciente.

La parte consciente de la mente se encuentra bajo el control del individuo. La parte subconsciente es controlada por la Inteligencia infinita y sirve como forma de comunicación entre la Inteligencia infinita y la mente consciente.

El "sexto sentido" está bajo el control de la sección de la mente subconsciente y anda automáticamente de ciertos maneras fundamentales, pero puede ser inducido a llevar a cabo instrucciones de la mente consciente.

6. Tanto la sección consciente como la sección inconsciente de la mente funcionan en respuesta a costumbres fijas, se ajustan a cualesquier hábito de pensamiento que el individuo forme, trátese de hábitos voluntarios o hábitos involuntarios.

7. Los muchos de los pensamientos emitidos por el individuo son inexactos, ya que suelen estar inspirados por opiniones personales que se crean sin la comprobación de los hechos o debido al prejuicio, al miedo y al resultado de las emociones, razones por las cuales la facultad de raciocinio tiene poca o ninguna oportunidad de modificarlos racionalmente.

8. El primer paso para pensar de manera correcta (un paso que dan muy pocos, sólo los que cultivan la autodisciplina) es el de separar los hechos de la ficción y de las cosas que se hablan. El segundo paso consiste en separar los hechos (una vez que son identificados) en dos clases, por ejemplo, importantes y no importantes. Un hecho importante es un hecho que puede ser usado para alcanzar su objetivo definido o tal vez un objeto menor que conduzca hacia la meta mayor.

Los demás hechos son relativamente irrelevantes. La mayoría de las personas consagran mucho tiempo a operar hechos irrelevantes.

Por lo tanto, poco consiguen desarrollar la autodisciplina que implica distinguir los hechos relevantes de los irrelevantes.

9. El anhelo, basado en un motivo definido, es el inicio de todo pensamiento voluntario asociado con el logro individual.

La presencia en la mente de cualquier deseo intenso tiende a incitar la facultad de la imaginación con el propósito de buscar rutas y medios para conseguir el objeto del deseo.

Si el deseo se conserva en la mente (mediante de pensamientos repetitivos), es absorbido por la sección de la mente subconsciente y llevada automáticamente a su conclusión lógica.

Estos son algunos de los hechos conocidos más importantes respecto al más grande de todos los misterios; el misterio del pensamiento humano. Revelan que el pensamiento claro y exacto se logra solamente por los hábitos estrictos de la autodisciplina.

Algunos pudieran preguntar, "¿Dónde y cuándo puede uno comenzar a desarrollar la autodisciplina?"

Bien pudiera comenzarse a través de la concentración sobre la base de un Propósito mayor definido.

Nunca se ha conseguido nada notable sin aplicar el poder de la concentración.

Cómo aplicar la autodisciplina

El gráfico, anexo número 1, muestra una completa descripción de los diez factores a través de los cuales se expresa el poder del pensamiento. Seis de estos factores se subordinan al control de la autodisciplina, y ellos son:

1. La facultad de la voluntad.
2. La facultad de las emociones.
3. La facultad de raciocinio.
4. La facultad de la imaginación
5. La facultad de la conciencia.
6. La facultad de la memoria.

Los restantes cuatro factores operan independientemente y no están sumisos al control voluntario, con la excepción de que los cinco sentidos pueden influenciarlos y dirigirlos por la formación de hábitos voluntarios.

En el gráfico, número 2, se muestra una proyección que revela las seis cámaras de la mente sobre los cuales se puede sustentar fácilmente la autodisciplina.

Las cámaras han sido numeradas en el orden de su respectiva importancia. Aunque también es cierto que nadie puede decir concluyentemente cuál es la más importante de estas cámaras, ya que cada uno constituye un factor esencial en la expresión del pensamiento.

GRÁFICO 1

Gráfico de los diez factores que constituyen el mecanismo del pensamiento, observe que la sección de la mente subconsciente tiene acceso a todos los cámaras de la mente, pero no está bajo el control de ninguno.

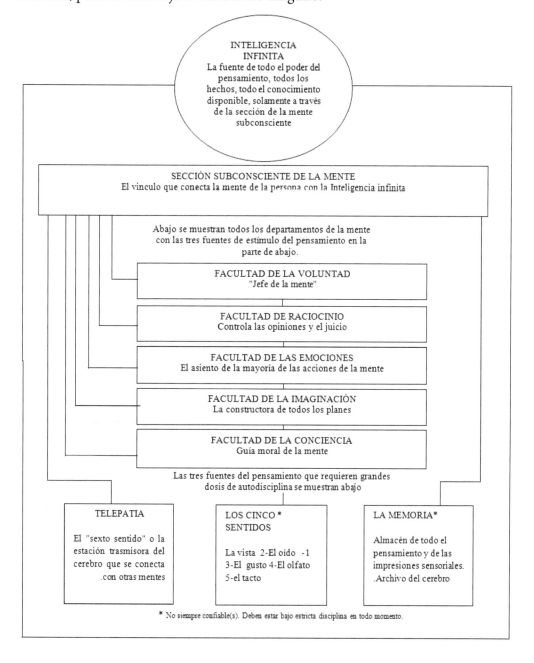

GRÁFICO 2

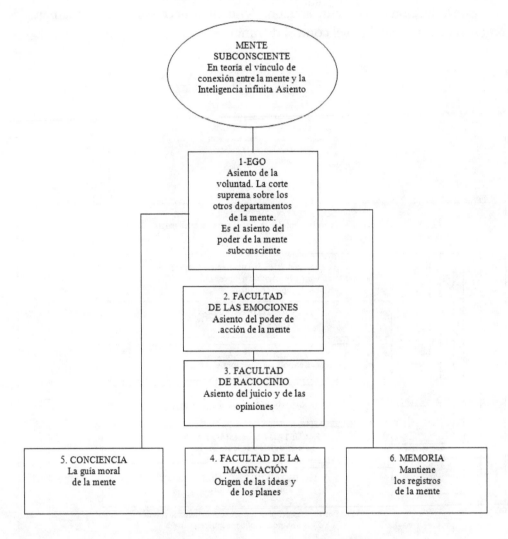

GRÁFICO DE LOS SEIS DEPARTAMENTOS DE LA MENTE
Sobre los cuales se puede mantener la autodisciplina. (Numeración en orden de importancia)

No hemos tenido otra opción que colocar al ego, el asiento de la voluntad, en la primera posición. Esto se debe a que el poder de la voluntad puede controlar a todos las demás cámaras de la mente, cuyas decisiones son finales y no están sujetas a apelar a una instancia superior.

La facultad de las emociones aparece en la segunda posición. Es bien sabido que la mayoría de los seres humanos están dominados por sus emociones. Por esto es que se lo ha ubicado en la segunda posición justo después de la "Corte suprema."

La facultad del raciocinio toma el tercer puesto. Es la influencia modificadora a través de la cual la acción emocional puede ser acondicionada para ser utilizada de forma segura. Una mente "equilibrada" es la que construye un acuerdo entre la facultad de las emociones y la facultad de la razón. Tal acuerdo se logra bajo el amparo de "Corte suprema," es decir, la facultad de raciocinio.

La facultad de la voluntad a veces decide bajo la influencia de las emociones. En ocasiones adopta la influencia de la facultad de raciocinio. No obstante, siempre tiene la última palabra y cualquier sea el lado que apoye es el lado vencedor respecto a las controversias entre la razón y las emociones.

¡Qué sistema tan inteligente es este!

La facultad de la imaginación ocupa el cuarto lugar. En esta cámara se crean las ideas, los planes, y las formas y medios para lograr los objetivos deseados, los cuales se originan en la facultad de las emociones o en la facultad de la voluntad.

Debemos mencionar que la facultad de la imaginación ejerce en la mente el papel de "comité de formas y medios." Sin embargo, con frecuencia actúa por su propia cuenta y se va de tour a expediciones fantásticas donde no tiene función realista en conexión con la facultad de la voluntad. En esos toures de imaginación a veces tiene el consentimiento, cooperación e impulso de la facultad de las emociones, facultad donde se originan la mayoría de los deseos, razón por la cual la facultad de la razón debería intervenir y examinar cuidadosamente los deseos que surjan en conexión con las emociones.

Cuando las emociones y la imaginación no están bajo la supervisión de la razón y del control de la voluntad se asemejan a un par de muchachos que deciden jugar jockey de regreso a casa y terminan empapados en el estanque del vecindario.

No hay manera de que este par no acabe allí. De modo que se requiere más autodisciplina que todas las demás cualidades combinadas. ¡Recordemos muy bien esto!

Las otras dos cámaras, la conciencia y la memoria son requisitos necesarios para la mente y no porque estén al final de la lista dejan de ser muy importantes.

La sección subconsciente de la mente ha recibido su posición por encima de los otros seis departamentos, dada su conexión con la Inteligencia infinita y por la forma como apoya a los demás departamentos.

La sección subconsciente de la mente no se sujeta a ningún control. Sin embargo, sí puede verse influenciada, según se explicó anteriormente. Opera de su cuenta y voluntariamente. Su acción puede ser acelerada si se intensifican las emociones o si se aplica el poder de la voluntad de forma concentrada.

Un deseo fuerte como motivación detrás de un Propósito mayor definido puede estimular la acción de la parte subconsciente de la mente y acelerar su operación.

La relación entre la parte subconsciente de la mente y las otras seis cámaras de la mente, como se muestra en el gráfico número 2, es similar en muchos aspectos a la relación que hay entre un labrador y las leyes de la naturaleza por medio de las cuales sus cosechas crecen.

El labrador tiene ciertos deberes que debe ejecutar, como preparar el terreno, plantar la semilla en el tiempo preciso y limpiar las malezas. Allí sus deberes finalizan. Desde ese momento en adelante la naturaleza asume el control, germina la semilla y la desarrolla en un fruto maduro listo para cosechar.

La sección consciente de la mente puede compararse al labrador en que prepara el terreno por la formulación de planes y propósitos, bajo la dirección de la facultad de la voluntad. Si este trabajo se hace bien, se forma una imagen clara de lo que se anhela alcanzar (la semilla del propósito deseado), entonces el subconsciente toma la imagen, la proyecta al poder de la Inteligencia infinita, y finalmente la Inteligencia infinita presenta a la sección de la mente consciente el plan que se debe continuar para alcanzar el propósito deseado.

A diferencia de las leyes de la naturaleza que germinan la semilla y producen la cosecha dentro de un periodo de tiempo fijo, la mente subconsciente tomas las ideas, las somete a su consideración y luego determina el tiempo apropiado para la realización del plan.

El poder de la voluntad, expresado en términos de un ardiente deseo es la única forma por el cual la acción de la mente subconsciente puede acelerarse. Así, al tomar posesión de la propia mente de uno, y ejercer el poder de la voluntad, uno llega a conseguir un poder de mediada gigantescas.

Y el acto de dominar el poder de la voluntad, de maneta que este alcancé la meta deseada, constituye autodisciplina del más alto nivel. El control de la voluntad requiere de persistencia, fe y claridad de propósito.

En el campo de las ventas, por ejemplo, es muy bien conocido que el hombre perseverante encabeza la lista en las ventas. En algunos campos de las ventas, en particular, tales como la venta de seguros de vida, la constancia se convierte en el recurso más importante.

Y la persistencia, sea en el campo de las ventas o en cualquier otro, es un asunto de estricta disciplina.

La misma regla se utiliza en el mundo de la publicidad. Los publicistas con mayor éxito muestran gran persistencia. Repiten sus esfuerzos mes tras mes, año tras año con regularidad invulnerable.

Y los publicistas profesionales expertos tienen la confianza de que esta es la única política que les trae resultados satisfactorios.

Los primeros que fundaron América, cuando este era solo un continente despoblado, demostraron lo que se puede conseguir cuando se tiene voluntad y persistencia.

Más tarde en la historia de este país, luego de haberse sembrado la civilización, George Washington y su pequeño ejército mal alimentado y medio vestido, y con soldados raramente armados, mostraron una vez más que el poder de la voluntad usada junto con la persistencia es invulnerable.

Los pioneros de la industria americana nos entregaron otra demostración de los beneficios de la voluntad resguardada con persistencia. Hombres valerosos, que con autodisciplina hicieron grandes contribuciones al gran sistema americano de vida, que consiguieron sus propósitos por medio del poder de la voluntad respaldada con persistencia.

La misma carrera de Andrew Carnegie, suministra excelente ejemplo de los beneficios de la autodisciplina. Él llego a América cuando apenas era un joven. Comenzó a trabajar como obrero. Tenía muy pocos amigos. Ninguno de ellos rico ni influyente. Pese a eso, tenía una capacidad gigantesca para expresar el poder de la voluntad.

Trabajó de día como obrero, mientras que en las noches aprendió telegrafía. Al final progresó hasta obtener la posición de operador privado para el superintendente de área en la Compañía de ferrocarriles de Pensilvania.

En esta posición hizo muchísima aplicación efectiva de algunos de los principios de esta filosofía, entre estos el principio de la autodisciplina. Así atrajo la atención de personas poderosas e influyentes quienes estuvieron en capacidad de ayudarle a conseguir su Mayor propósito en la vida.

En aquel momento de su carrera él gozaba de las mismas condiciones que otros cientos de telegrafistas tenían. Nada más que eso. Sin embargo, tenía un bien que los demás telegrafistas supuestamente no poseían: la voluntad de ganar y la idea clara de lo que deseaba, junto con la persistencia que se necesitara para lograrlo.

Esta última cualidad también es consecuencia de la autodisciplina.

Las cualidades sobresalientes del señor Carnegie fueron su voluntad y su perseverancia, en conjunto con una estricta autodisciplina. Estas cualidades lo condujeron a alcanzar su propósito definido. Aparte de estas cualidades él no tenía ninguna otra cualidad sobresaliente

De estas cualidades, bajo control y dirigidas para obtener su propósito definido surgió la gran Corporación de Acero de los Estados Unidos, que revolucionó la industria y suministró trabajo a un ejército de trabajadores expertos y novatos.

Como podemos apreciar, un hombre exitoso hace su inicio mediante la aplicación de la autodisciplina en la búsqueda de su propósito definido, y persiste hasta conseguir su objetivo con la ayuda de ése mismo principio.

La autodisciplina es una cualidad que se crea. No se puede apropiar de la vida de otros. No se puede aprender leyéndola de ella en las páginas de un libro. Es un bien que debe venir desde dentro, por a través de ejercer el poder de la voluntad. Estas cualidades auto adquiridas son igualmente efectivas en otros campos de aplicación diferentes a los de la industria.

Cuando Andrew Carnegie dijo que "el poder de la voluntad es una fuerza irresistible que no conoce tal cosa como la derrota," seguro quería decir que es irresistible cuando se organiza apropiadamente y se conduce a obtener algún propósito definido con el espíritu de la fe. Evidentemente él quería enfatizar los tres principios más importantes de esta filosofía que son la base de la autodisciplina aprendida. Estos son:

(a) La claridad de propósito.
(b) La Fe aplicada.
(c) La autodisciplina.

Debe recordarse, sin embargo, que la actitud mental que se obtiene por medio de estos tres principios, puede ser alcanzada, de forma más veloz, a través medio de la aplicación de los otros principios de esta filosofía, entre estos:

(a) La Mente maestra.
(b) Una personalidad agradable.
(c) El hábito de Ir una milla extra.
(d) La iniciativa personal.
(e) La Visión creadora

Conjugue estos cinco principios con la Claridad de propósito, la Fe aplicada y la autodisciplina y tendrá una fuente utilizable de poder personal de proporciones asombrosas.

Quien comienza en el estudio de esta filosofía puede encontrar difícil conseguir el control sobre el poder de la voluntad. Sin embargo, este se puede alcanzar paso a paso, a través del dominio y la aplicación de estos ocho principios.

El dominio puede obtenerse sólo de una manera y esta es la aplicación constante y persistente de los principios los cuales deberán ser incorporados en los hábitos diarios y utilizados a todas las relaciones humanas y en la solución de los problemas personales.

El poder de la voluntad responderá solamente a la motivación persistentemente persuadida.

Y se fortalece de la misma manera que se fortalece un músculo -por el uso sistemático.

Las personas que desarrollan el dominio de la voluntad por medio de la autodisciplina, no se dan por vencidos ni pierden la esperanza cuando las cosas se complican. Las personas que no consiguen el dominio de su voluntad sí lo hacen.

Un general pasó revista a un ejército de soldados agotados y sin ánimo que habían sido derrotados durante la Guerra entre los Estados. Él tenía toda razón para estar desalentado porque la guerra no iba nada bien.

Cuando uno de sus oficiales sugirió que su semblante se veía decaído, el general Grant levantó su rostro cansado, cerró sus ojos, apretó sus puños, y dijo: "¡Pelearemos con los soldados que tenemos hasta ganar así estemos todo el verano aquí!" Y así fue como este general peleó con sus soldados, con firme determinación, resguardada por una voluntad indomable, hasta que consiguió la victoria y preservó la unión de los estados.

Una escuela del pensamiento dice que "el que tiene la razón tiene el poder". Otra escuela dice que "el que tiene el poder tiene la razón". Pero el hombre que piensa de la manera correcta sabe que la fuerza de voluntad hace lo posible, sea correcto o incorrecto, y que la entera historia del hombre lo atestigua.

Estudie la biografía de personas exitosos, en cualquier campo de la vida, en todos los casos encontrará evidencia que el poder de la voluntad, organizado y aplicado constantemente es el factor predominante que lleva al éxito. También descubrirá que los hombres exitosos se comprometen a seguir un sistema estricto de autodisciplina en oposición de los que permiten que las circunstancias más allá de su control controlen su vida.

Los hombres de éxito trabajan mientras otros descansan.

Están dispuestos a Ir una milla extra, y si se hace necesario otra y otra más. No se paran hasta que hayan efectuado el servicio de la mejor calidad.

Acompáñelos durante un día y se convencerá de que no necesitan que alguien les diga lo que tienen que hacer. Actúan por su propia iniciativa porque dirigen sus esfuerzos por medio de la más estricta autodisciplina.

Tal vez aprecien cuando alguien los felicita. Sin embargo no necesitan de halagos para emprender la acción. Escuchan las críticas pero no se desaniman por ellas.

Y, tal como sucede con todo el mundo, a veces fracasan o sufren fracasos temporales, Sin embargo, la derrota sólo los impulsa a hacer un mayor esfuerzo.

Encuentran obstáculos, como cualquier persona, pero los transforman en beneficios para conseguir sus metas.

Experimentan desánimo, como todo el mundo, pero cierran las puertas de su mente a las experiencias desagradables y convierten sus desilusiones en energía renovada con la que obtienen la victoria.

Cuando la muerte golpea a sus familias, entierran a sus muertos, pero no a su voluntad indomable.

Acuden al consejo de otros, sacan lo que necesitan y botan lo que no necesitan.

Saben que no pueden controlar todas las cosas que pasan en sus vidas, pero controlan su actitud mental y sus reacciones mentales a todos los momentos, manteniendo sus mentes positivas todo el tiempo.

Experimentan emociones negativas como los demás, pero las controlan y las hacen sus esclavos para que les sean de provecho.

Tengamos constantemente presente que a través de la actitud positiva uno puede alcanzar dos cosas importantes, ambas esenciales para el logro sobresaliente.

En primer lugar, uno puede controlar las emociones negativas y convertirlas en esfuerzo constructivo, usándolas como inspiración para el esfuerzo.

En segundo lugar, uno puede estimular las emociones positivas y conducirlas para alcanzar los logros que uno desee.

De modo que, cuando se controlan las emociones tanto negativas como positivas, se le permite a la facultad de raciocinio estar libre para funcionar apropiadamente, lo mismo que sucede con la facultad de la imaginación.

El control sobre las emociones se consigue de manera gradual. Se consigue cultivando hábitos de pensamiento. Estos hábitos se forman en asociación con las circunstancias pequeñas e informales de la vida. Como lo dijo una vez la Corte Suprema, "El cerebro es como la mano, se fortalece con el uso".

Los seis departamentos de la mente subordinados a la autodisciplina, pueden uno a uno ubicarse bajo control absoluto. El comienzo de ello se hace por medio de hábitos que le permitan adquirir primero el control de las emociones, puesto que la mayoría de la gente es víctima de sus emociones incontroladas. La mayoría de las personas son siervas no amas de sus emociones. Esto se debe a que nunca han desarrollado hábitos definidos y sistemáticos que las controle.

Cada persona que se haya determinado a controlar los seis departamentos de su mente, por medio de un sistema estricto de autodisciplina, necesita tomar el siguiente plan para mantener su propósito.

Un estudiante de esta filosofía escribió una creencia con este propósito. Él lo siguió fielmente letra que al poco tiempo llegó a estar plenamente consciente del valor de la autodisciplina.

Funcionó tan bien que aquí se muestra para el beneficio de otros estudiantes de esta filosofía.

El credo fue firmado y repetido oralmente dos veces al día; una vez al levantarse y la otra al acostarse. Este procedimiento le otorgo al estudiante el beneficio del principio de la autosugestión. La sustancia del credo fue diseñada para conseguir la parte subconsciente de la mente; la cual asume las ideas y las realiza automáticamente.

A continuación el credo:

CREDO PARA ADQUIRIR AUTODISCIPLINA

Fuerza de voluntad:

Reconociendo que el Poder de la voluntad que representa a la Suprema Corte en los departamentos de mi mente, la ejerceré a diario, cuando la precise y sienta la necesidad de actuar en cualquier empeño; y me preocuparé de realizar hábitos para llevar al poder de mi voluntad a la acción al menos una vez al día.

Emociones:

Reconociendo que mis emociones son positivas como negativas, desarrollaré hábitos diarios que inciten el desarrollo de las emociones positivas, y que a la vez, me ayuden a transformar las emociones negativas en alguna forma útil de acción.

Raciocinio:

Reconociendo que, tanto mis emociones positivas como negativas pueden resultar peligrosas si no se controlan y dirigen hacia fines deseables, someteré mis deseos, intenciones y propósitos a mi facultad de raciocinio y me dejaré dirigir por ella.

Imaginación:

Reconociendo la necesidad de desarrollar métodos e ideas para obtener mis metas, desarrollaré mi imaginación, involucrándola a diario en el desarrollo de mis planes.

Conciencia:

Reconociendo que mis emociones frecuentemente se desbordan con entusiasmo exagerado, y reconociendo que mi facultad de raciocinio no cuenta con la calidez de sentimiento necesaria para combinar la justicia y la misericordia en mis juicios, alentaré a mi conciencia para dirigirme respecto a lo correcto y lo incorrecto, y jamás haré a un lado los veredictos que dicte, sin importar el costo que aquello sea.

Memoria:

Reconociendo el valor de la memoria presta, enseñaré a la mía a estar alerta a través de asegurarme de impresionarla apropiadamente con los pensamientos que desee recordar, asociando aquellos pensamientos con temas relacionados que pueda recordar fácilmente.

Mente subconsciente:

Reconociendo el dominio que mi mente subconsciente tiene sobre mi voluntad, cuidaré de someterla a una representación clara y definida de mi Mayor propósito en la vida y de todos los propósitos menores que contribuyan a ese mayor propósito. Pondré esa representación seguidamente en contacto con mi mente subconsciente a través de la repetición diaria.

Firma, _____

La disciplina sobre la mente se alcanza poco a poco. Se obtiene por la formación de hábitos que uno pueda controlar. Los hábitos empiezan en la mente. Por lo tanto, la repetición diaria de este credo lo hará consciente de desarrollar hábitos que conduzcan al desarrollo del control de los seis departamentos de la mente.

El simple hecho de repetir los nombres de estos departamentos tiene una consecuencia muy importante. Lo hace a uno consciente de que estos departamentos existen, de que son importantes, y de que pueden ser controlados para la formación de hábitos de pensamiento, también lo hace a uno consciente de que la naturaleza de estos hábitos define el éxito de uno o su derrota, sin importar si uno ha cultivado la autodisciplina.

Es un tema muy importante en la vida de una persona el poder reconocer que su éxito o fracaso consiste, en buena medida, en desarrollar pleno control sobre sus emociones.

Antes de que uno pueda reconocer esta verdad uno necesita reconocer la existencia y la naturaleza de sus emociones, y el poder que se hace disponible a quienes las controlan. Algo que muchas personas no consiguen hacer durante su vida.

Hay una asociación de personas conocida como Alcohólicos Anónimos. Las personas que hacen parte de esta asociación operan en grupos en una alianza de la Mente maestra. Ellos se ayudan mutuamente a liberarse de los lazos del alcoholismo de una manera que es casi milagrosa.

¡Ellos operan completamente mediante la autodisciplina!

La medicina que usan es la medicina más efectiva que la persona ha conocido. Consiste en el poder de la mente humana, dirigida hacia un fin específico. El fin es terminar con el alcohol.

He aquí un hecho que debería inspirar a todos los hombres a familiarizarse mejor con el poder de sus propias mentes. Si la mente puede curar el alcoholismo, puede curar la pobreza, la mala salud, el miedo y las limitaciones auto impuestas.

Los alcohólicos anónimos pueden conseguir resultados debido a que sus miembros han reconocido a su "otro ser", la entidad invisible del poder del pensamiento. La fuerza dentro de la mente humana que no reconoce tal cosa como lo "imposible."

Esta organización vivirá y crecerá como lo harán todas las fuerzas que actúan para el bien. La organización por el momento extenderá sus servicios e incluirá, no solamente la erradicación del alcoholismo, sino también otros males, como el miedo, la pobreza, la mala salud, la codicia y el egoísmo.

Es posible que Alcohólicos anónimos tome los diecisiete principios de esta filosofía y que extienda sus beneficios a cada miembro de la organización, como de hecho, algunos de sus miembros ya lo han hecho, consiguiendo resultados maravillosos.

Bien se dice que un enemigo que es reconocido como tal ya es un enemigo que se encuentra medio derrotado.

Y esto también utiliza a los enemigos que maniobran dentro de la mente de uno, así como a los enemigos que maniobran fuera de ella. Y especialmente se utiliza a los enemigos conocidos bajo el nombre de emociones negativas.

Una vez que uno reconoce a sus enemigos; casi de manera inconsciente uno comienza a desarrollar hábitos a través de la autodisciplina, que actúan para contrarrestarlos.

Esta misma lógica se utiliza también a los beneficios de las emociones positivas. Porque es bien reconocido que un beneficio reconocido es un beneficio bien utilizado.

Las emociones positivas son beneficiosas, forman parte de la fuerza que impulsa la mente. Sin embargo, sólo son útiles si se controlan y se guían a un logro definido, a un fin constructivo. Si no se controlan, pueden ser tan peligrosas como las emociones negativas.

El mecanismo de control es la autodisciplina, utilizada voluntaria y sistemáticamente a los hábitos del pensamiento.

Tome como ejemplo la emoción de la Fe:

Esta emoción, la más poderosa de las emociones puede ser muy útil cuando se expresa mediante la acción constructiva y organizada basada en la Claridad de propósito.

La Fe sin actos es inútil. Puede convertirse simplemente en una forma de soñar despierto, en desear y fantasear.

La autodisciplina es el medio por el cual uno puede estimular la emoción de la Fe, a través de la claridad de propósito aplicada constantemente.

La disciplina empieza adoptando hábitos que estimulen el uso del poder de la voluntad, porque es el ego, el asiento del poder de la voluntad, en el cual se originan los deseos de uno. Así, las emociones conocidas como Deseo y como Fe están, estrechamente relacionadas.

Dondequiera que se encuentre un deseo intenso, existe la capacidad de la Fe con la equivalencia exacta a la intensidad del deseo. Los dos se conectan siempre. Estimule a uno y estimulará a los dos. Controle y dirija a uno, a través de hábitos organizados, y estará controlando directamente al otro.

Esto es autodisciplina del más alto nivel.

Benjamín Disraeli, considerado por muchos el Primer Ministro de Inglaterra más sobresaliente, logró este alto nivel por medio del poder de su voluntad, dirigida por su claridad de propósito.

Él empezó su carrera como autor, pero no le fue muy bien en ese campo.

Publicó una docena de libros, pero ninguno causó gran impacto en el público. Al fracasar en su campo, reconoció su derrota como desafío para hacer un mayor esfuerzo en algún otro campo, nada más.

Entonces incurrió en la política, se propuso ser el Primer Ministro del gran Imperio Británico.

En 1837 llegó a ser miembro del Parlamento de Maidstone. Con todo y esto, su primer discurso en el Parlamento fue un verdadero fracaso.

Nuevamente aceptó su derrota como un desafío para intentarlo una vez más. Emprendió la lucha, sin pensar en retirarse. Así, en 1858, se convirtió en un líder en la Casa de los comunes. Más tarde ocupó el puesto de Ministro de hacienda, y en 1868 alcanzó su Propósito mayor definido al convertirse en Primer ministro.

Allí enfrentó oposición enconada (su "tiempo de prueba había llegado"), lo que lo llevó a renunciar. Pero lejos de aceptar su derrota temporal como fracaso permanente, se organizó para volver y ser reelegido como Primer ministro por segunda vez. Así fue como se convirtió en el gran constructor de imperios y extendió su influencia en muchas direcciones.

Su más grande logro quizás fue la adquisición del Canal del Suez, un hecho que sin duda proporcionó al Imperio Británico ventajas económicas sin precedentes.

¡La constante en su carrera fue la autodisciplina!

Al resumir sus logros en una sola frase dijo: "¡El secreto del éxito es la constancia de propósito!"

Cuando las cosas se pusieron difíciles, Disraeli se apoyó en su mayor capacidad, el poder de la voluntad. Esta lo mantuvo en pie durante las emergencias, y las derrotas temporales, y con el tiempo lo llevó a la victoria.

Aquí se encuentra el mayor peligro para la mayoría de las personas.

Se dan por vencidos y abandonan cuando la lucha se hace difícil. Y con frecuencia abandonan, cuando haber dado sencillamente un paso más los hubiera conducido a la luminosa victoria.

Cuando las dificultades de la vida se vuelven grandes, el poder de la voluntad se hace indispensable. La autodisciplina lo suministra para cada emergencia, sea grande o pequeña.

Otro caso que muestra lo que puede ocurrir cuando un hombre es motivado por la voluntad a pesar de los impedimentos es el de Theodore Roosevelt.

Durante su juventud se vio seriamente afectado por el asma crónica y la vista débil. Sus familiares perdieron las esperanzas de que pudiera recuperar de nuevo la salud. Pese a esto, él no compartió su opinión. Y esto lo hizo gracias al poder de la autodisciplina. Se fue hacia el oeste, se unió a un grupo de trabajadores al aire libre, y se sometió a un sistema definido de autodisciplina. Así desarrolló un cuerpo fuerte y una mente resuelta. Algunos médicos habían dicho que él no lo iba a poder conseguir. Pero él se rehusó a aceptar su veredicto.

En su lucha por recuperar la salud obtuvo tal perfecta disciplina, que regresó al éste, ingresó a la política, se mantuvo intentándolo, hasta que su fuerza de voluntad lo llevó a obtener la Presidencia de los Estados Unidos.

Los que lo conocieron bien hablaban de su cualidad sobresaliente de negarse a aceptar la derrota como algo más que un impulso para un esfuerzo mayor. Además de esta habilidad, no poseía nada que lo hiciera superior a los que le rodeaban. Su educación y experiencia eran similares a las de los demás hombres cercanos a él.

Cuando fue Presidente algunos oficiales del ejército se quejaron de la orden que les dio de mantenerse en buen estado físico. Para demostrar de lo que les estaba hablando, se montó a un caballo y cabalgó cientos de millas, a través de los caminos de Virginia, con los oficiales del ejército detrás intentando seguirlo con bastante dificultad. Detrás de toda esta actividad se encontraba una mente activa determinada a no estar limitada por la condición física. Y esa actividad mental se vio reflejada a través de toda su administración en la Casa Blanca.

En aquel entonces una expedición francesa había intentado construir el Canal de Panamá y había fracasado.

No obstante, Theodore Roosevelt dijo: "El canal debe construirse" y se puso manos a la obra yendo aquí y allá demostrando su Fe en términos de acción. ¡El canal fue construido!

El poder personal se viste de la voluntad para conseguir la victoria.

Pero solamente puede liberarse a través de la acción, mediante la autodisciplina y por ningún otro medio.

Robert Louis Stevenson tuvo una salud delicada desde que nació. Su salud le impidió realizar trabajo de estudio regular hasta cuando tuvo la edad de diecisiete años. A la edad de veintitrés su salud empeoró tanto que sus médicos lo enviaron a vivir de Inglaterra a los Estados Unidos a un lugar donde pudiera cuidarse mejor.

Allí conoció a la mujer de la cual se enamoró.

Su amor por ella era tan grande que le brindó nuevas fuerzas a su vida; un nuevo motivo para la acción. Así fue como empezó a escribir. Esto a pesar de que su cuerpo escasamente le permitía moverse de un lado para otro. Siguió escribiendo hasta que inundó y enriqueció al mundo con sus escritos, ahora aceptados universalmente como piezas maestras.

La misma razón, el amor, les ha otorgado alas de pensamiento a muchos otros que como Robert Louis Stevenson, han hecho a este mundo un lugar mejor. Sin la fuerza de amor, Stevenson sin duda habría muerto sin poder haber hecho ningún aporte a la humanidad. El transmutó el amor de la mujer de su elección en obras literarias.

Y lo hizo por medio del hábito de la autodisciplina, la cual, colocó a las seis cámaras de su mente bajo su control. De forma semejante, Charles Dickens convirtió una desdicha de amor en obras literarias que han enriquecido al mundo. En vez de decaer por la desilusión de su primer amor, ahogó su tristeza en la intensidad de la acción y se puso a escribir. De esa forma cerró la puerta a una experiencia que muchos otros hubieran utilizado como forma de escape para no cumplir su cometido, una disculpa para el fracaso.

Por medio de la autodisciplina convirtió su mayor angustia en su mayor bien, porque le reveló la presencia de su "otro ser", que era un genio y que se reflejó en sus obras literarias.

Existe una regla invencible para el dominio de las tristezas y las desilusiones. Es la de transmutar aquellas frustraciones a través de trabajo planeado definido. Es una regla que no tiene igual.

Y el secreto de su fuerza es la autodisciplina.

La libertad del cuerpo y de la mente, la independencia y la seguridad económica son resultados de la iniciativa personal dicha a través de la autodisciplina. Por ningún otro medio pueden conseguirse estos deseos universales.

Usted deberá viajar el resto del camino solo. Si sigue las instrucciones que le he entregado, con la actitud mental correcta, ahora tiene en sus manos la Llave maestra.

Ahora voy a revelarle una verdad de la mayor trascendencia: La Llave maestra de la riqueza consiste enteramente en el poder más grande conocido por la persona; ¡el poder del pensamiento!

Usted puede tomar entera posesión de la Llave maestra, tomando posesión de su propia mente, por medio de la autodisciplina más estricta.

A través de la autodisciplina usted puede imaginarse dentro o fuera de cualquier circunstancia de la vida.

La autodisciplina le ayudará a dominar su actitud mental. Su actitud mental puede ayudarle a controlar toda circunstancia de la vida y transformar cada adversidad, cada derrota, cada fracaso en un bien de alcance equivalente. Esa es la razón por la cual la Actitud Mental Positiva encabeza la lista de las Doce riquezas de la vida.

Por eso, en este momento debe ser claro para usted que la gran Llave maestra de la riqueza es solo la autodisciplina necesaria que le ayuda a tomar pleno y completo control de su propia mente.

Empiece justo donde se encuentra, y será el amo de usted mismo. ¡Empiece ahora mismo! Deshágase de ese viejo ser que lo había mantenido en la miseria y la necesidad. Reconozca y acoja a ese "otro ser" que puede proporcionarle todo lo que su corazón desea.

¡Recuerde, es intensamente significativo que la única cosa sobre la cual usted tiene pleno control es ¡su propia actitud mental!

Porque ésta es la ¡Llave maestra de la riqueza!

LIBROS RECOMENDAMOS

* Todo Sobre La Bolsa: Acerca de los Toros y los Osos, Jose Meli

* Piense y Hágase Rico, Napoleon Hill

* El Sistema Para Alcanzar El Exito Que Nunca Falla, W. Clement Stone

* La Ciencia de Hacerse Rico, Wallace D. Wattles

* El Hombre Mas Rico de Babilonia, George S. Clason

* El Secreto Mas Raro, Earl Nightingale

* El Arte de la Guerra, Sun Tzu

* Cómo Gané $2,000,000 en la Bolsa, Nicolas Darvas

* Como un Hombre Piensa Asi es Su Vida, James Allen

* El Poder De La Mente Subconsciente, Dr. Joseph Murphy

* La Llave Maestra, Charles F. Haanel

* Analisis Tecnico de la Tendencia de los Valores, Robert D. Edwards - John Magee

Disponible en www.bnpublishing.net